LES COLONIES DE VACANCES

Du même auteur

L'Étude de la vie sociale, Université de Madagascar, 1970 ; rééd. ICM, 2007.

La France noble, préface de Henri Lefebvre, Le Seuil, 1974.

Le Savoir-vivre intellectuel, Olivier Orban, 1985 ; rééd. Éditions Delga, 2006.

Le Comte de Mirobert se porte comme un charme, avec J.-F. Desrousseaux de Vandières, Olivier Orban, 1987.

Afriques Fantasmes, Plon, 1992.

Le Suicidologe, dictionnaire des suicidés célèbres, avec Corinne Moncel, préface de Roger Caratini, Le Castor Astral, 1997.

Petite Anthologie du racisme pro-corse, DCL, 2004.

Frédéric de Neuhoff, *Lettre à Pascal Paoli*, traduction et édition critique, Materia Scritta, 2005.

François de Negroni

Les Colonies de vacances

Portrait du coopérant français dans le tiers-monde

Préface de Michel Siméon

L'Harmattan

Fidèle à sa volonté de maintenir vivant l'ensemble du catalogue et de continuer à rendre accessible à tous la richesse de son contenu, Les marques du groupe L'Harmattan proposent les ouvrages, même s'ils sont épuisés dans leur premier tirage, et les impriment à la demande.
Au vu de l'ancienneté de ce titre, un exemplaire original a été numérisé pour être réimprimé, ce qui pourrait altérer légèrement la qualité de certains passages.

Première édition
aux éditions Hallier (1977)

5-7, rue de l'École-Polytechnique ; 75005 Paris

http://www.librairieharmattan.com
diffusion.harmattan@wanadoo.fr
harmattan1@wanadoo.fr

ISBN : 978-2-296-03433-4
EAN : 9782296034334

À Michel Beaucourt,
Jean-Louis Calvet,
Germain Rakotonirainy
et Michel Siméon.

Préface

La dédicace de la première édition des *Colonies de vacances* (1977) était probablement ironique : j'y figurais en bonne place et certainement pour de bonnes raisons. Ce qui me permet de dire aujourd'hui que ce livre est d'abord le récit, le souvenir, de ces grandes vacances aux ex-colonies. Histoire précise, vivante, évocatrice d'une époque, d'un microcosme social et de quelques mois de vacances qui nous ont offert une richesse d'événements tout à fait extraordinaire. Substituts des casernes, ces colonies de vacances ont représenté pour la génération qui les fréquentait, et échappait ainsi au service militaire, le lieu privilégié d'une expérience de la présence aux autres et au monde et François de Negroni en établit une relation impeccable.

Le récit d'une initiation

L'auteur faisait partie du Club qu'il décrit et, à l'époque, la publication des *Colonies de vacances* provoqua ressentiment déchainé, accusations de délation et de parjure : vous n'aviez pas le droit de profiter de cette situation, d'utiliser cette expérience, de trahir vos frères d'armes. Peu s'en divertirent. Pourtant, le mythe de l'unité sociale, vécu aux belles heures du Club, donne lieu à bien des situations comiques : les personnages représentés, les caractères, le travestissement des acteurs, participent d'une véritable comédie dont le dénouement, savamment préparé, est franchement burlesque[1]. D'emblée, un malentendu majeur – mais est-ce un malentendu ? – a surgi dans une série de fausses questions : *Quel est en fin de compte le jugement de l'auteur sur le rôle, la signification, l'espoir porté par la Coopération ? C'est qu'il faut bien vivre et donc se déterminer dans cet environnement imposé. L'auteur est-il marxiste, ou libéral ? Croit-il à la vertu de la pédagogie ? Pense-t-il que quelque chose de positif puisse, d'une façon ou d'une autre sortir de la Coopération avec nos anciennes colonies ? La Coopération peut-elle, d'une certaine façon, rattraper les erreurs de la colonisation ? Si oui, de quelle utilité est ce message de vérité sur les mécanismes sociaux de la société coopérante ?*

Le ton du récit est joyeux : François de Negroni quitte son emploi de gentil animateur du Club. Ses contemporains au village malgache mettent des noms dans les différentes catégories proposées, évoquent des incidents illustrant les étapes des conflits idéologiques, découvrent qu'ils ont été dupés, le plus souvent contournent ce centre trop éclairé de la piste

1. Les bronzés ont fait leur come back, un peu poussif certes ; à l'inverse on imagine mal que les coopérants de la belle époque du Club puissent réaliser la même opération.

où ils évoluent. Les coopérants qui s'étaient grimés en personnage engagé et respectable ne peuvent s'empêcher de crier leur hargne et leur haine d'avoir été démasqués.

Car c'est avec une application véritablement scientifique, que le jeu social est observé; application digne d'estime, sans aucune place pour la tricherie. Ce n'est pas d'une qualité personnelle dont je veux parler, mais plutôt de la résultante d'une grande défiance, d'une médiocre estime pour ses semblables, et en même temps, peut-être, d'un certain goût aristocratique de la domination. Ce qui ne peut être à charge, car François de Negroni entend partager sa découverte. Avançons que, si l'auteur souligne la fausse décontraction qui règne au Club, débusque les faux-semblants, démontre l'inanité et la vanité des engagements humanistes, c'est qu'il est de nature solitaire. Il y a probablement un peu de honte et beaucoup de fureur à garder de bons souvenirs de cette comédie peu reluisante. L'exercice d'écriture ne serait-il pas aussi une séance d'exorcisme ?

Observant les membres du Club se donner en spectacle, il a tout de même été contraint de jouer le jeu. Mais, ce n'est pas lui qui est intéressant, c'est la façon dont il exerce son métier.

Notre époque n'est plus au roman et la psychanalyse est contestée. *Les Colonies de vacances* mettent à nu les véritables déterminations d'une nouvelle forme de présence de l'Occident dans le tiers-monde.

Les apparences et le sens

Mai 68 était dans tous les cœurs. Les principaux enjeux semblaient relever de l'idéologie. Mais la machine capitaliste faisait « produire » ceux qui s'imaginaient et se déclaraient pêle-mêle artisans d'un progrès humaniste, coupables d'un malheur historique, ou partisans d'une révolution radicale. En situant son analyse au niveau des mécanismes sociaux à l'œuvre dans le déroulement de ces affrontements idéologiques, François de Negroni décrit la mise en marché des produits idéologiques. Il centre son analyse sur la circulation à l'intérieur de la société coopérante, – un travail similaire pourrait d'ailleurs s'appliquer à la circulation des mêmes marchandises dans les sociétés du tiers-monde. Ainsi *Les Colonies de vacances* ne constituent pas une variation psychologisante sur des thèmes beaucoup plus graves, mais bien la description incisive de la reproduction sociale au sein de la société coopérante. La fonction de cette société, mandatée par la métropole, apparaît alors clairement.

Que les coopérants aient vécu leur séjour au Club suivant les logiques dégagées par *Les Colonies de vacances* a, de toute évidence, une implication sur le contenu et la portée de la Coopération, service promotionnel du capitalisme. À cette époque, qui précède l'actuelle mondialisation de l'économie de marché, la Coopération assure la transition avec la colonisation, partage monopolistique du monde. La qualifier de gaspillage est un non-sens puisqu'elle constitue un double investissement dans la promotion continue de la marchandise, à la fois dans le tiers-monde et dans la société métropolitaine.

Devant le ministre Robert Galley, prenant la défense de l'auteur accusé d'avoir «porté un coup bas à la coopération française»[1], je faisais remarquer, le sous-titre du livre l'indique, qu'il s'agissait avant tout d'une analyse de la société coopérante. *Le Portrait du Coopérant* n'épargne aucune des idoles, des rites, des textes sacrés de la Coopération. Bien plus ravageur en cela que les propos de ceux qui s'en prennent directement aux objectifs et aux activités de la Coopération, analysent les incohérences de l'aide publique au développement, ironisent sur les gaspillages, ou dénoncent les scandales de la Françafrique.

Il ne convient pas de ranger d'un côté le détail, l'accessoire (le futile, passager, facile, etc.) et de l'autre, l'essentiel, le fondamental, le sérieux. Le refus de cette hiérarchie sacrée est une des leçons du travail de François de Negroni, et la raison de son caractère percutant. Il y a les faits énoncés, constitués par les mots qui les disent, et aussi le fait de l'avoir dit. Et là réside une des forces des *Colonies de vacances*: l'outil et le geste, unité saisissante dans un seul mouvement. Si le silence et l'écoute s'établissent, ce n'est pas de connivence, mais d'admiration.

Longtemps, j'ai cherché à concilier les termes de ce que je croyais être une contradiction majeure: ce texte d'une part, et une pratique professionnelle de

1. L'ex-ministre de la coopération Raymond Triboulet sortit lui carrément de ses gonds: «Je viens de lire les pitreries de François de Negroni... Malheureusement, nous n'avons pu toujours faire de bons choix en matière de coopération, ainsi celui de Negroni qui n'y a rien compris et se contente de brocarder ses anciens collègues à la lumière de ses propres instincts : prétention, amour du gain... et de la fesse.» (*Paris-Match*, 23 septembre 1977).

coopérant développeur, par ailleurs. J'y ai renoncé, sans éluder ni différer, mais en reconnaissant la vanité de ce qui n'est finalement qu'une simple quête d'un confort personnel. C'est au contraire dans cette tension qu'il est possible d'être à la fois attentif au langage et présent au monde.

Il me semblait pourtant qu'il fallait prendre parti. Mais, impossible après cette lecture de dire « je suis fixé sur mes erreurs »; tout au plus, et par là une lecture moraliste est envisageable : « désormais, je saurais mieux vivre avec mes semblables ».

Aymeric Monville termine sa préface du *Savoir-vivre intellectuel*[1], par « L'intellectuel est mort. Que vive la philosophie ! ». Ceci risque fort d'être compris comme un appel à de nouveaux mensonges, s'il s'agit toujours d'élaborer pour instruire, mais aussi, peut-être, comme un appel à une vraie révolution. *Les Colonies de vacances* n'ont aucune ambition pédagogique, ne cherchent ni à rectifier ni à améliorer. L'essentiel, c'est la vérité découverte et affirmée de cette initiation sociale.

Il paraît aujourd'hui évident que ce livre constitue le seul discours libérateur que pouvait produire celui qui se trouvait en situation d'oppresseur. Le seul discours libérateur tout court, car l'imprécateur, quelle que soit sa couleur, est voué à la récupération. L'auteur a joué le jeu et dans le même temps il rend compte de la situation à laquelle il participe. Il n'y a là aucune traîtrise. Il invite simplement à regarder ce qui se passe. C'est donc une démarche qui est impi-

1. *Le Savoir-vivre intellectuel*, Delga, 2006.

toyable car elle se limite à l'observation, elle restitue les faits et les gestes et elle ne cherche en aucun cas à divulguer un savoir d'initié. François de Negroni ne parle pas au nom des damnés de la terre, ni des contribuables, ni des hommes de bonne volonté floués par les médias, ni des accros de la BA. Cette démarche impitoyable n'est pas source de méchanceté mais de jubilation, celle de la vraie lucidité. Il ne s'agit pas des dessous sociopsychologiques, plus ou moins affriolants, d'une histoire sérieuse faite de lutte des classes et d'exploitation, mais d'une contribution à une anthropologie de la modernité, telle que l'a magistralement établie et développée Michel Clouscard[1]. L'initiation qui se réalise au Club de la Coopération (et aujourd'hui au sein des organisations humanitaires et caritatives qui ont pris la relève) participe de l'initiation mondaine à la civilisation capitaliste. La logique finale dégagée par François de Negroni fait ressortir les fonctions réelles et incite à repérer les articulations entre idéologie et économie de marché. Ainsi se comprennent les changements radicaux intervenus dans les idéologies portées par ceux qui interviennent aujourd'hui dans le tiers-monde. Il ne s'agit pas de renoncement ou de trahison, mais d'une simple adaptation du système et des messages publicitaires du néo-capitalisme.

À l'heure de la domination des idéologies de la mondialisation, la relecture des *Colonies de vacances* constitue un exercice tonique. Rappeler, bien en-

1. *Le Frivole et le Sérieux*, Albin Michel, 1978 ; *Le Capitalisme de la séduction*, Delga, 2005.

tendu, qu'une des fonctions de l'idéologie est précisément d'offrir une justification, une légitimité, une signification transcendante, à des comportements, des activités dont les motivations réelles sont bien différentes et souvent inavouables. Mais le plus important n'est pas là, il ne s'agit pas de désespérer les mandarins, les activistes, les caritatifs de tous poils, ni de rétablir une sorte de science morale, désuète.

Opposer à la Colonisation ou bien à la Coopération une dénonciation morale, un discours de la vertu, traduit simplement une impuissance politique. *Les Colonies de vacances* ne se placent ni sur le plan politique, ni sur celui de la morale. D'où le rejet, à son époque, par tous ceux qui prétendent continuer leurs affaires à l'abri de justifications morales ou politiques. Mais ce rejet repose lui-même sur un malentendu : rompus aux luttes idéologiques, les têtes pensantes du Club lisent une insupportable dénonciation dans ce qui est une physique sociale, seule permettant de rester à la fois scientifique et politique. Pas de prise possible, aucune récupération envisageable : personne ne peut en tirer bénéfice, aucune bonne cause, le jeu risque d'être cassé.

Aujourd'hui, l'humanitaire et le caritatif ont pris le relais de la coopération. Et si ce processus d'appauvrissement en évoque d'autres – ainsi dans le domaine musical celui du jazz : blues, rock, rap, etc. – c'est que la même machine sociale est à l'œuvre. Ce qui fait que l'ingérence, l'aide internationale sous quelque forme que ce soit, continue, c'est aussi qu'il y a dans les pays du tiers-monde, dans les organismes qui prétendent les aider, un nombre considérable de personnes, convaincues de leur utilité et de leur bonne volonté, et qui entendent bien continuer. Ainsi, en décrivant les jeux internes de la société coopérante, François de Negroni apporte une contribution indispensable à la compréhension des mécanismes et des rapports de domination. Même si envahie par la mauvaise conscience, cette société coopérante, aujourd'hui majoritairement humanitaire et caritative, ressent une indéniable joie, un plaisir naïf pour certains, calculé pour d'autres. La description des comportements individuels n'est pas ici un vain travail de psychologue, ou de moraliste, à l'affût des contradictions de la nature humaine, mais participe d'une analyse en profondeur de la violence et de l'exploitation qui se dissimulent sous la pureté des intentions affichées. L'idéologie des interventions dans le tiers-monde, à l'époque des *Colonies de vacances* comme aujourd'hui, continue, constante facilement décelable, d'être utilisée comme moyen de faire carrière, d'obtenir des places, de la gloire et de l'argent. Ce n'est évidemment pas la conviction qui conduit à cela, mais bien au contraire la démonstration que l'on est capable d'utiliser une feinte conviction, et donc d'y renoncer, de la trafiquer. Car le critère principal du recrutement par un pouvoir, quel qu'il soit, est naturellement la docilité, l'aptitude à se renier, à se compromettre. Que sont devenus les plus violents contestataires de l'ordre néo-colonial, après leur passage au Club où ils terrorisaient les nouvelles recrues par leurs invocations dogmatiques, imposaient leurs états d'âme et instruisaient des procès sans appel ? On peut aisément le prévoir à la lecture des petits bouleversements engendrés dans la société coopérante par la révolte estudiantine de 1972 à Madagascar. Une fois effacés les dérapages et récupérées les poses avantageuses, ces maîtres-penseurs ont passé le reste de leur vie à mettre à profit, à monnayer, leurs prétendues convictions affichées aux colonies. Logique des situations acquises à l'exact opposé de l'honnêteté.

Lequel des universitaires présents dans le tiers-monde, aurait imaginé à la fin des années 1960 et au début des années 1970, après les multiples récupérations et retournements, le sauve-qui-peut des doctrines et idéologies alors dominantes, auquel nous assistons aujourd'hui ? Où sont passées les justes exigences de rigueur dans l'analyse, d'ordre et de méthode ? Les pseudo-marxistes ne font même plus de figuration mondaine.

Le rêve du Club se poursuit sous d'autres formes et la lecture des *Colonies de vacances* nous incite à porter un regard similaire sur les nouvelles entreprises humanitaires et caritatives qui recréent un environnement d'impunité et de négation du réel. Le même processus est à l'œuvre dans ces fabriques d'illusion, exploitant, pour en tirer bénéfice, des événements réels, des situations de détresse, de misère.

Retour sur un malentendu. On pouvait être tenté de reprocher à François de Negroni, sinon sa morgue, du moins une excessive confiance en lui-même. Il me semble que c'est le contraire qui est plus probable. Le caractère *impitoyable* de son récit révèle plutôt une réaction de défense, à l'encontre de ce qui menacerait la découverte à laquelle il est attaché, et de tout ce qui risquerait de le distraire de cet attachement. J'ai assisté, et un peu participé, au premier temps, naturel, de cette découverte et je peux témoigner de cette part obscure et de sa place dans ce qui est finalement une lucidité sans concession. *Les Colonies de vacances* sont nées, au moment de la révolte étudiante malgache en 1972, d'un mouvement de répulsion, qui nous semble aujourd'hui un peu naïf, devant la fuite éperdue, la trouille, le travestissement, l'abandon précipité des habits de la contestation, les retrouvailles les plus vulgaires, les nouvelles effusions, enfin ce qu'il y a de plus odieux et pourtant de très ordinaire dans la société coopérante. Découverte de la grande supercherie, mais conversion originale au réalisme, non pas celle du blasé, qui, connaît comprend et pratique à l'occasion, mais celle qui emprunte le chemin difficile, poursuit la recherche, considère que la connaissance des comportements humains est nécessaire à la liberté et que rien ne peut justifier d'y renoncer. La raison est la part divine de l'homme. Splendeur de la vérité !

Les réactions et les critiques suscitées par *Les Colonies de vacances* ne peuvent s'expliquer par l'incompréhension – le propos est d'une limpidité parfaite – mais par le refus ; et il faut alors s'interroger sur les motifs inavoués de ce refus. C'est qu'accepter conduit à remettre en cause trop de positions acquises, de mensonges rassurants, génère trop d'inquiétudes et exige un véritable retournement de la pensée (« Que vive la philosophie ! »). Il faut alors sortir du jeu. La sortie du Club en est l'emblème. Mais claquer la porte ne signifie pas simplement une banale condamnation de comportements dérisoires ; il s'agit de changer la démarche réelle de l'intelligence. François de Negroni construit progressivement une autre grammaire et dérange par là tous ceux qui, trop occupés, ou trop bien installés, ne peuvent ou ne veulent renoncer à leur système. Sacrilège et défi : il révèle la parenté (la généalogie) d'engagements qui se prétendent contradictoires mais qui sont vécus sur le même mode, et s'intéresse précisément à ce mode. Encensées en Afrique au moment de leur parution, *Les Colonies de vacances* trouvèrent pourtant quelques défenseurs en France. Thomas Ferenczi (« une passionnante sociologie des coopérants écrite d'une plume alerte », *Le Monde*), Alain-Gérard Slama (« un livre lucide et méchant au point d'avoir du style », *Le Point*), Jean de la Guérivière (« un essai bien écrit sous un titre provoquant », *Les Fous d'Afrique*), etc.

L'auteur refuse les mises en scène et les personnages classiques et passe plusieurs années dans le tiers-monde sans se faire l'écho de l'altérité culturelle, de la misère et de l'exploitation, de l'iniquité coloniale, de la supercherie des indépendances, de l'échange inégal, de l'aliénation culturelle, etc. C'est inadmissible ; il reste enfermé dans son autobiographie (*La France noble*, etc.) et ne donne aucune explication. Comme si la recherche pouvait d'emblée s'expliquer autrement que par un goût irrésistible pour la vérité. Mais quelle vérité ? À ce mesureur passionné qui a fait le choix de s'évader de la condition commune, de nous le dire un jour.

La force toujours présente de ce portrait du coopérant vient précisément de la découverte que ce dernier, au-delà des idéologies dont il se croit porteur, est surdéterminé par les logiques sociales. Mannoni, dans sa *Psychologie de la Colonisation* ouvrait la voie en décrivant les déformations psychologiques que subissait le colonial, tel un poisson remonté des grands fonds. Il proposait une interprétation, presque unanimement rejetée, des comportements qui en résultaient, et prétendait apporter ainsi un éclairage décisif à la révolte de 1947 à Madagascar. À relire, aussi. Il ne s'agit pas seulement *d'enrichir la connaissance que nous avons de l'homme,* mais bien de rendre compte du phénomène de la société coopérante qui, à la suite de la colonisation (celle du traité de Berlin), n'élimine pas les indigènes mais prétend les civiliser. Il revient au colonisé de dénoncer la situation des *Damnés de la terre* (Fanon) et même de se faire préfacer par Sartre. Le *Portrait du colonisateur* a été tiré par d'autres (Memmi). L'apport original des *Colonies de vacances* est de démontrer, dans le portrait du coopérant, la prégnance des structures sociales d'origine et leur utilisation dans un processus de production/commercialisation idéologique articulé au fonctionnement du système capitaliste.

Le procès en trahison est dérisoire, puisqu'il est établi qu'il n'y avait aucune mission, que ce qui occupait la conscience morale des coopérants n'avait rien avec voir avec leur contribution à l'Histoire, et que, au-delà des convictions les plus inébranlables, les coopérants remplissaient tous la même fonction.

Les seules formes de pensée qui soient acceptables sont de l'ordre critique ou philosophique (métaphysique). Les analyses menées par François de Negroni sur la société coopérante sonnent juste, à chacun de faire ce qu'il veut de cette vérité. La confusion est généralement entretenue entre la recherche et la restitution d'une vérité, à un certain niveau, et sa prétendue signification idéologique. C'est la ruse commune pour éviter les vérités dérangeantes ; les nier au moment où elles représentent un danger pour l'idéologie dominante, quitte à les redécouvrir plus tard avec profit[1].

La conception d'un système explicatif global est une autre paire de manches. Sur ce chantier coexistent les constructions admirables et les préfabriqués voués à l'imitation, à la parodie, au rendement, à l'image des zones commerciales, contributions exemplaires de notre époque à l'urbanisme. Mais pourquoi ce souci d'esthète ? C'est fonctionnel, ça attire la clientèle et ça crée des emplois.

La production idéologique à destination de l'outre-mer a une double fonction, l'une à usage des coopérants ou de leurs successeurs et de ceux qui les soutiennent, l'autre à usage des sociétés du tiers-monde. Les caractéristiques de cette production restent constantes : faire échapper la pensée à l'analyse critique, établir un sacré, des dogmes et des rites ; ceci doit être perçu dans sa dynamique : l'important n'est pas tant le contenu du sacré, des dogmes et des rites, mais le système, bâtard de religiosité et de

1. Platon, *Parménide* (154-155) : « Le plus jeune devient plus vieux que le plus vieux, et le plus vieux, plus jeune que le plus jeune, mais achever ce devenir c'est ce dont ils ne sont pas capables, car s'ils l'achevaient, ils ne deviendraient plus, ils seraient. »

commerce, qui fait fonctionner et perdurer l'appareil de production idéologique.

En s'attaquant *de facto* à ce système, *Les Colonies de vacances* ne pouvaient que déclencher l'incompréhension, au mieux, et le ressentiment, au plus fréquent. Ce serait faire trop d'honneur à leurs auteurs, aujourd'hui notables, que de détailler ces réactions, des lettres anonymes aux menaces de rétorsion via l'appareil administratif au sein duquel ils avaient de bonnes entrées.

Quel étonnement de pouvoir, aujourd'hui, redécouvrir ce texte, analyse pertinente et indémodable, irrécupérée et irrécupérable, d'un phénomène, d'un lieu et d'un temps tout entiers voués aux affrontements idéologiques. Miracle de l'intelligence des mécanismes sociaux. Les lecteurs convaincus par *Les Colonies de vacances* forment une sorte de confrérie dont les membres se reconnaissent et cherchent à communiquer leur découverte à ceux qu'ils en jugent dignes. Espoir de voir un tel produit, essentiellement subversif, réussir à circuler malgré tout dans la société néo-capitaliste.

> « Ayons pourtant un souvenir ému pour l'incroyable naïveté de la pensée sociale et socialiste, d'avoir pu hypostasier ainsi dans l'universel et ériger comme idéal de transparence une "réalité" si totalement ambiguë et contradictoire, pire : résiduelle ou imaginaire, pire : d'ores et déjà abolie dans sa simulation même : le social » J. Baudrillard.

Michel Siméon
Février 2007

« Nous sommes amenés à concevoir les structures sociales comme des objets indépendants de la conscience qu'en prennent les hommes (dont elles règlent pourtant l'existence), et comme pouvant être aussi différents de l'image qu'ils s'en forment que la réalité physique diffère de la représentation sensible que nous en avons, et des hypothèses que nous formulons à son sujet. »

Claude LÉVI-STRAUSS, *Anthropologie structurale.*

Introduction

Le portrait du coopérant reste à faire. Sans doute chasseurs d'interviews, fureteurs d'échantillonnages et explorateurs en tous genres n'ignorent-ils pas cette faune leucoderme qui, depuis quinze ans, prospère dans le tiers-monde. Ils la soumettent périodiquement à la question, sondent ses motivations ou ses attitudes, testent ses facultés d'adaptation, corrèlent, pondèrent, trafiquent ; parallèlement, ils recueillent avec fidélité ses impressions et ses humeurs changeantes, commentent gravement les problèmes, les incertitudes, les ambiguïtés qui naissent de l'accomplissement de son service.

Mais ces approches réitérées n'offrent des coopérants qu'une vision tronquée et normative. Elles décrivent une assistance technique artificielle, sériellement profilée à partir de son particularisme professionnel, uniquement envisagée dans sa relation avec cette activité coopérante, et engagent obstinément sur le plan de la méthodologie et de l'analyse des présupposés idéologiques concernant la politique d'aide aux pays sous-développés. D'une manière comme d'une autre, les coopérants n'y sont considérés et définis que par rapport à un rôle dont les critères d'appréciation varient selon les objectifs de l'étude : soit qu'il s'agisse d'en mesurer et d'en améliorer l'efficacité, soit d'en déplorer les équivoques ou d'en dénoncer les implications négatives. Ainsi, les vagues anecdotes sociologisantes qui viennent parfois égayer ces reportages monotones ne sont légitimées que par leur utilité ponctuelle en vue d'un réajustement empirique des conditions d'exercice, ou par leur caractère exemplaire et leur adéquation édifiante ou scandaleuse à une des conceptions en vigueur de l'assistance technique. Inévitablement, c'est de l'institution qu'il est question à travers l'observation de son enfant prodigue coopérant : celui-ci n'est jamais saisi que comme moyen plus ou moins fiable au service d'une fin diversement évaluée qui est le fonctionnement de la coopération.

Une véritable enquête parmi les quelques 45 000 assistants techniques officiellement recensés dans le tiers-monde [1] conduit à renverser cette démarche.

1 Cf. annexes. On peut doubler ce chiffre en y ajoutant la coopération privée confessionnelle, les contrats locaux et l'environnement familial des assistants techniques, si bien que la population totale expatriée dans la mouvance de la coopération doit être actuellement évaluée à environ 100 000 personnes. Suivant le même principe, et en tenant compte des durées inégales d'émigration, c'est plus de 800 000 Français qui ont séjourné dans le tiers-monde depuis le début de l'assistance technique. Sont par contre exclus de cette enquête, les conseillers techniques militaires et la grande majorité des anciens administrateurs de la France d'Outre-Mer reconvertis dans la coopération. Les uns et les autres, pour des raisons différentes, ne sont pas intégrés à la société coopérante, mais constituent des castes séparées. Les gouvernements assistés pratiquent d'ailleurs nettement la distinction entre ce personnel traditionnel et les agents rajeunis de la coopération.

Au lieu d'examiner les coopérants comme une classe de spécialistes, dans le miroir déformant d'un aménagement ou d'une problématique de leur mission, il convient de les appréhender en tant que groupe temporairement expatrié, contraint de recréer à partir de données nouvelles une structure sociale. Dans une telle optique, les mécanismes collectifs élaborés durant ce passage au-delà des mers ne sont nullement réductibles à une pratique de la coopération. La migration volontaire dans les hordes pacifiques de l'assistance technique fournit au contraire l'occasion de développer des phénomènes dont le sens se révèle à un autre niveau. L'institution ne fait que procurer à cette expérience qui l'outrepasse un cadre formel, une infrastructure et un terrain favorisant son éclosion, son déroulement, sa reproduction ; quant aux fameux problèmes qui agitent les coopérants, avant d'être cotés comme valeurs idéologiques d'exportation et vendus aux rayons métropolitains des prises de conscience tropicales, ils possèdent un rôle purement opératoire d'animation à l'intérieur de cette vie sociale reconstruite. Loin d'en être le biais privilégié, l'étude des assistants techniques déborde donc toute réflexion sur la politique de coopération : celle-ci n'est alors posée que comme moyen matériel et symbolique, au service d'une fin autonome qui est le fonctionnement de la société coopérante.

Parler ainsi de société coopérante peut toutefois sembler utopique. Leur dispersion géographique et la rotation permanente du personnel font que, globalement, les assistants techniques ne se trouvent socialement constitués ni dans l'espace, ni dans le temps. Ils composent une constellation d'unités territoriales, diversifiées par des implantations citadines ou rurales, inégalement peuplées, vouées à une stabilité précaire. En outre, au sein même de ces enclaves, les coopérants sont divisés par l'hétérogénéité des tâches et des secteurs d'activité, les niveaux de responsabilité, la disparité des statuts, des formations, des situations familiales... ; entre l'instituteur de brousse et le consultant économique urbain, ou le vieux routier du tiers-monde et le jeune conscrit, il paraît exister des cloisonnements indépassables. Si bien que les modes collectifs d'organisation et d'échange qui rassemblent les assistants techniques pendant leur expatriation sont immédiatement perçus comme autant de tentatives improvisées, spécifiques, éphémères.

Mais en fait, par-delà la pluralité des scènes, la mobilité et la variété des acteurs, indépendamment des contextes exotiques et des conditions de travail, on retrouve dans toutes les formes de sociabilité instaurées entre eux par les coopérants des propriétés communes. Quelles que soient leurs dissemblances apparentes, ces types d'interaction éparpillés procèdent d'une inspiration analogue. Tout se passe comme si la vie sociale coopérante ne pouvait *prendre* qu'en s'articulant autour de deux rapports essentiels dont chaque assistant technique est porteur : *l'un qui le lie à sa position sociale en métropole, l'autre qui l'engage vis-à-vis des réalités du sous-développement auxquelles il est confronté.* La façon récurrente dont cette double implication est reprise, traitée, thématisée par les multiples agrégats de coopérants cristallise parmi eux une dynamique communautaire qui, dans tous les cas, exprime un modèle unique. À travers leur idéalité typique, ces multiples expériences collectives renvoient fondamentalement à une même *logique sociale de la transplantation*[1]. Faire le portrait du coopérant, c'est donc dévoiler la signification de cette démarche singulière et par là même la fonction réelle du séjour dans le tiers-monde.

1. Cette idéalité typique de la vie sociale coopérante, si elle est transposable à l'ensemble des expériences d'assistance technique dans le tiers-monde, s'applique de façon privilégiée dans les anciennes colonies françaises où les coopérants sont plus nombreux et où le contenu empirique de leur existence collective s'inscrit dans des traditions qui en favorisent la richesse et la spécificité.

PREMIÈRE PARTIE

LE MYTHE D'UNE UNITÉ SOCIALE

Chapitre I

L'UNITÉ EXPLICITE

« Les conversations avec les membres du Club Méditerranée nous renseignent sur la complexité des motivations ; nous y puisons la conviction que le thème de la vie naturelle, de la Polynésie, ne joue pas un rôle explicite. Et il nous vient à l'idée que, de même que les paréos et les guirlandes sont utilisés au cours des cérémonies d'accueil en tant que déguisements et reconnus comme tels, les motivations ne servent ici qu'à dissimuler le cadre de référence. L'idéal inavoué ne serait-il pas une structure sociale ? »

Henri RAYMOND, *Hommes et dieux à Palinuro*.

« J'aurai joui en pleine conscience du monde qui finit ; j'aurai vu les derniers beaux pays, reçu les derniers saluts de races encore respectueuses. Blanc, je me promène dans les mondes jaunes et noir, comme un seigneur qui reçoit les hommages des paysans à la fin du XVIIe siècle, tout en sachant que cela ne durera pas. »

Paul MORAND, *Hiver caraïbe*.

Pour ceux qui ne se contentent pas des formules classiques de voyages organisés offertes par l'industrie contemporaine des loisirs, il existe une solution originale : rejoindre les nombreux villages de vacances de la coopération française. Ce grand club de loisirs est implanté sur les lieux les plus convoités du tourisme international, où il propose en exclusivité une conception de délassement audacieuse, affinée par des années d'expérience : une sorte de combiné loisir-travail, qui permet à ses pensionnaires de s'enrichir sur tous les plans durant leur séjour outre-mer en contribuant activement au développement des nations prolétaires. Ce qui, pour ces populations indigènes, n'est d'ailleurs qu'un juste retour des choses, le financement du Club représentant à peine l'équivalent des bénéfices que rapatrient les sociétés françaises installées chez elles.

Considéré comme d'utilité publique, puisque, sans parler de sa mission providentielle et civilisatrice, il concourt à résorber le chômage national, à occuper les militaires le temps de leur service, à fournir aux petites entreprises métropolitaines expatriées une clientèle locale, etc., n'exigeant par ailleurs qu'un niveau de compétence professionnel modeste, le Club ne rencontre pas de difficultés majeures dans son recrutement. C'est par milliers que, chaque année, il dépêche ses membres aux quatre coins du tiers-monde. Aussi la vraie concurrence s'exerce-t-elle surtout autour du choix des villages : les mieux situés ne se désemplissent pas de leur contingent d'habitués et il faut souvent susciter des interventions décisives pour en forcer l'accès.

1. Le club coopération

Dès l'acceptation de leur dossier et leur nomination, les candidats coopérants sont pris en charge par le Club. Ils bénéficient de la qualité de son service, de son organisation rapide et précise de grand transporteur. Distribution de prospectus, brochures, dépliants sur le pays concerné, de réclames pour les spécialistes en prêt-à-porter néo-colonial, stages d'éveil aux réalités indigènes, accomplissement des formalités sanitaires et douanières, établissement d'une assurance-maladie, expédition des bagages, octroi avec le billet en classe économique d'une avance de solde, forfait-vacances destiné à couvrir les premiers frais sur place. Dans le même temps, les conversations avec les anciens, les recommandations, les remises d'adresses locales, l'emplissage des cantines, l'achat et la prise préventive de médicaments tropicaux, complètent leur information et leur préparation estivale à la vie au-delà des mers.

Ces démarches, ces visites, ces rencontres, qui les rapprochent de la date du voyage, peuvent être conduites de manières très variées : dans une euphorie désordonnée, avec une tranquille minutie, ou encore dans une angoisse entretenue par l'émotion complaisante des parents. Mais ces réactions ne sont que les diverses expressions d'un projet commun : le départ en coopération, comme toutes les migrations touristiques lointaines, est d'abord placé sous le signe de la rupture, du desserrement des contraintes, de la fuite du quotidien, pour employer le style publicitaire percutant des annonceurs du Club. Dans de nombreux cas, il s'agit d'une rupture avec l'environnement familial et d'un apprentissage de l'indépendance, en particulier chez les conscrits qui accèdent alors souvent à la vie active, à l'autonomie économique, au logement individuel. Pour tous, il s'agit d'une rupture avec une certaine insertion sociale, une prescription des échanges, le mode d'existence occidental, mais aussi avec le passif des problèmes, des échecs, des ambitions déçues. Telle est bien la signification que ces deux futurs villégiateurs au village coopérant de Sfax donnent à leur décision : « Ils rêvaient d'abandonner leur travail, de tout lâcher, de partir à l'aventure. Ils rêvaient de repartir à zéro, de tout recommencer sur de nouvelles bases. Ils rêvaient de rupture et d'adieu [1]. »

1. Georges Perec, *Les Choses*, p. 139. Voir aussi *Esprit*, n° 7-8, p. 60. On retrouve enfin le même thème dans le film de Alain Tanner, *Le Retour d'Afrique*.

Les grandes vacances

Dans les avions réguliers qu'emprunte le Club pour ses passages, la fraternisation bruyante entre assistants techniques, notamment du côté des appelés du contingent fort satisfaits d'échapper à l'encasernement, crée vite à bord une atmosphère de charter. Aussi l'arrivée outre-mer est-elle collectivement vécue à travers toute sa charge de dépaysement, tout son symbolisme vacancier. Le boeing, le soleil, la végétation flamboyante, la nature intacte, les décalages horaires et culturels sont autant d'éléments conventionnels spontanément interprétés à partir de leurs résonances estivales.

L'accueil des animateurs, le pot de bienvenue, la période d'acclimatation durant laquelle leur est aménagé un maximum de *temps libres,* confirment pleinement à ces nouvelles recrues leur impression de débarquement. Afin d'affûter leur curiosité et de développer leur sens touristique, le Club a prévu un programme facultatif d'excursions et de conférences : visite commentée des endroits typiques, découverte du folklore et de l'artisanat, initiation aux coutumes locales, soirées-rencontres avec des autochtones représentatifs, vulgarisation historique et ethnographique. Individuellement, ils peuvent déambuler sur la scène colorée formée par une foule indigène dont le langage leur est incompréhensible, sinon le jargon de base, qu'en bons vacanciers, ils se hâtent d'assimiler pour marchander, discuter avec les domestiques...

Leurs premiers contacts avec les autres coopérants sont marqués par la familiarité franche et cordiale qui est de règle dans un groupe de loisirs. Au Club, la solennité n'existe pas. Quel que soit le style de leur village d'affection : village « mer bleue », « farniente », « aventure », etc., ils observent la même décontraction générale, s'imprègnent d'usages quotidiens qui sont tous inspirés par des modèles de vacances : à la vie de plein air, à la pratique régulière des sports d'été, à l'habitude de la sieste, répondent la légèreté et la simplicité du vêtement, la souplesse des codes respectés, la décrispation des attitudes.

Dans cette ambiance estivale, la relation au travail acquiert un autre sens. Au Club, certes, on ne veut pas bronzer idiot, mais tout en épanouissant le tiers-monde, on reste en vacances. Et dès leur intégration professionnelle, les assistants techniques constatent que les données ont changé. L'aspect limité et transitoire de leur passage, sa discontinuité avec les normes et l'ordre social métropolitain, le manque de suivi, rendent impossible toute évaluation objective de leur action ; par ailleurs les principes d'aide qui les dirigent, l'absence de rivalité avec leurs homologues indigènes, l'opacité des contextes culturels locaux entraînent inévitablement chez eux le dépérissement des notions de concurrence ou de rendement. Sans doute tous ne sont-ils pas astreints à des efforts comparables selon leur fonction, et chacun, à l'intérieur de sa propre activité, peut-il manifester une ardeur ou une indolence à la mesure de sa conscience tricontinentale [1]. Ce qui, dans le rapport loisir-travail, suscite des déséquilibres aussi impressionnants qu'opposés. Mais par-delà les spécialités

1. Cf. chap. 3.

exercées, les cadences observées, les motivations personnelles, les coopérants œuvrent finalement dans une totale gratuité. À travers ces devoirs de vacances, le travail perd son caractère d'activité expiatoire : il est vécu par tous sur le mode de l'impunité.

Cette impunité collective est simultanément renforcée par l'absence presque complète d'autorité. Les responsables autochtones hésitent à sévir contre les subordonnés blancs que, de surcroît, ils ne rétribuent pas eux-mêmes, et les hiérarchies professionnelles internes à l'assistance technique, abritées derrière ce patronage tolérant, engendrent des relations d'élasticité bienveillante plutôt que de tutelle. Supérieurs et inférieurs partagent à la fois la même quotidienneté estivale et cette sourde complicité sur l'aspect non conséquent de leurs tâches outre-mer ; ils sont doublement solidaires dans un laxisme qui permet aux coopérants de s'employer selon leur inspiration. Le maintien de cette solidarité repose toutefois sur une convention tacite : que les moins motivés, par un simulacre minimum de zèle, répondent symboliquement de leur mission et justifient l'importance sociale de leur fonction. Si ce pacte est rompu, les supérieurs sortent théâtralement de leur réserve. À partir de prétextes professionnels inconsistants, puisque le coût de l'oisiveté n'est pas plus quantifiable que la productivité de l'effort, ils se répandent en arguments affectifs extravagants qui fixent les fautifs sur leur véritable délit : avoir révélé la communauté coopérante dans son impunité vacancière et trahi la confiance mutuelle. D'où de poignantes remises au pas qui, chroniquement, sans lendemain, ni dommages, frappent de honte les cœurs infidèles, les ingrats et les impertinents dont la nonchalance ne s'est pas opportunément travestie en affairement hagard. Le même sort attend d'ailleurs ceux qui, inversement, montrent un trop bel enthousiasme, et se croient obligés, par excès de conviction, de secouer la torpeur, de dénoncer la mollesse ambiante : à leur manière impétueuse et exaspérante, ils risquent eux aussi de briser le consensus estival, et sont passibles d'entretiens au sommet fermement amicaux destinés à les calmer[1]. Tout à fait analogue est le comportement des dirigeants du Club qui, à l'échelon du pays, sont chargés de veiller à l'apolitisme de leurs protégés et de surveiller particulièrement la tenue des conscrits. Ces personnages remarquablement insignifiants, vieux chevaux de retour racistes de la France d'Outre-Mer, ne se payent pas d'illusions sur l'aptitude des populations indigènes à évoluer et se gardent en principe de troubler le laisser-faire généralisé. Mais sur la foi de quelque délation venue de leurs indicateurs et courtisans attitrés, ou à propos d'une peccadille administrative, ils se départissent parfois de leur splendide effacement pour se gargariser du sentiment de leur puissance. Menaçant les uns de l'expulsion, agitant devant les autres l'épouvantail du bataillon disciplinaire, et sanctionnant courageusement à la vulnérabilité statuaire ou psychologique du client, ils se signalent ainsi rituellement à l'attention des assistants techniques pour leur rappeler, sans grand effet, qu'ils ne sont pas uniquement dans le tiers-monde pour bronzer.

1. Voir les relations hiérarchiques entre coopérants dans *La Mort sur un volcan* de Pierre Nemours. Pour encourir une sanction sévère, il faut vraiment pousser très loin le dépit amoureux des supérieurs.

C'est d'ailleurs bien en termes d'exil estival que les coopérants sont plaisamment perçus en France. Comme provisoirement en congé de la compétition sociale. Et ceux-ci en sont conscients, qui se préoccupent sans cesse de leur recasement, de leur réadaptation professionnelle, qui n'hésitent pas à écourter leur séjour outre-mer par crainte de n'être plus compétitifs après une récréation trop prolongée. Mais ils n'admettent pas pour autant d'être envisagés avec tant de désinvolture : aussi et contre toute vraisemblance, au temps de la quinine et du monde fini, s'appliquent-ils à dramatiser leurs conditions de vie locales [1]. Exhumant de l'imagerie coloniale quelques thèmes éculés, ils dressent à l'usage de leurs correspondants ou de leurs auditeurs métropolitains un tableau épique de ces vacances, dont le Club Coopération se fait aussitôt l'écho et le publiciste pour bien démontrer que ses *tours* se déroulent sans concessions à la facilité, qu'ils sortent des sentiers battus du grand tourisme et conduisent à un dépaysement total, à un exotisme authentiquement vécu [2]. La rigueur du climat, suivant la bonne tradition, constitue l'argument principal de cette restitution. Chaque village de vacances est précédé de coriaces légendes météorologiques que perpétue la transmission orale, et qui aident à conter dans un style grandiloquent ou réa-

1. À l'inverse, cette image désinvolte peut être désamorcée par l'amplification avantageuse : les assistants techniques font alors un tableau dithyrambique de leurs vacances outre-mer.

2. Ces fortes impressions estivales sont recueillies dans la revue du Club : *Coopération et Développement*, rebaptisée récemment *Actuel développement* (rubrique « Les problèmes des coopérants »).

liste, la violence et la soudaineté des cyclones, les effets éprouvants de la chaleur torride, de la sécheresse, de la moiteur. Comme le notait déjà Henri Crouzat: «Les coloniaux aiment jouir parfois d'un bon climat, ce qui est leur droit, mais veulent qu'on les plaigne toujours. L'insalubrité du pays fait partie de l'auréole qu'ils se sont forgés et justifie leurs longs congés [1].» À cette inclémence du temps est aussitôt imputée la maladie tropicale. Tout coopérant qui se respecte ramène au moins de son passage au Club des symptômes insolites (paludisme, amibes) dont il épie les ravages et entretient gravement son entourage, comme d'une vieille blessure de guerre qui se réveille par moments. Maladie imaginaire qui est également attribuée aux insectes, à l'absence d'hygiène, ou encore à la nourriture exotique indigeste, occasion classique de fournir un récit folklorique: tel le fameux épisode du plat pimenté qui traverse la cavité buccale comme de «la fonte en fusion», «une traînée de feu» [2], de «la poix fondue», de «la lave en fusion» [3], et autres métaphores hardies.

Avec le problème des communications, de leur difficulté, cette expérience outre-mer se trouve magnifiée: le baroudeur qui sommeille en chaque assis-

1. *Aziza de Niamkoko*, p. 28. L'aspect proprement mythologique de cet argument à destination métropolitaine est clairement démontré par les enquêtes menées chez les coopérants : avant leur départ, plus de 40% d'entre eux placent le climat en tête des difficultés qu'ils vont devoir affronter (Denyse Harari, *Le Rôle du coopérant*, p.75-96). Mais une fois sur place, plus de 80% affirment supporter parfaitement ces conditions climatiques. (Enquête Marcomer, *Coopération et Développement*, n° 40, p. 45)

2. Gérard de Villiers, *L'Or de la rivière Kwai*, p. 76.

3. Jean Chatenet, *Petits Blancs, vous serez tous mangés*, p. 85.

tant technique peut complaisamment narrer sa lutte contre les périls naturels, sa science de la brousse, sa maîtrise des pistes. Enfin, le milieu indigène, essentiellement décrit à partir des petites délinquances dont il est coutumier et de la bizarrerie ou de la cruauté de ses mœurs, ajoute une dernière touche inquiétante à ce tableau. Dans le prolongement de cette mythologie s'est même créée une véritable géopathologie du tiers-monde, reprise par les guides, et qui révèle la tristesse des tropiques à travers certains lieux réputés pour leur promptitude à engendrer des dépressions [1].

Quant aux voyageurs de passage qui prétendent opposer à ces rodomontades une appréhension plus sereine de l'exotisme, ils ne provoquent qu'apitoiement et sarcasmes ; par définition, ils sont incapables de voir, de comprendre, restent prisonniers d'itinéraires apprêtés qui les coupent des phénomènes locaux et donnent libre cours à la vulgarité ethnocentriste de leurs attitudes et de leurs commentaires. Rien n'irrite davantage les coopérants, que cette concurrence touristique balourde s'exerçant sur leur propre terrain. Ils n'en démarquent dédaigneusement et s'affirment les seuls habilités à parler d'un pays dont, grâce au Club, ils pénètrent jour après jour les réalités profondes.

Le dépouillement des signes

Ces grandes vacances exemplaires supposent que

1. Ainsi parle-t-on du « syndrome de Tananarive », etc. D'où chez certains coopérants, victimes de leurs propres mythes fondateurs, quelques breakdowns de la rupture, généralement vite surmontés.

la communauté coopérante ne soit pas désunie par des contradictions internes qui la distrairaient de sa mission. Dans toute société de loisirs sont instituées des conditions de séjour qui favorisent, parmi les membres, la disparition temporaire des signes de différenciation sociale et la coopération française, au même titre que d'autres organismes rivaux, redistribue ses pensionnaires suivant cette logique libérale avancée. Au Club, tous sont égaux sous le soleil, et la cohésion dans l'impunité ou le relâchement a pour corollaire cette fiction d'unité estivale dont, une fois installés, ils découvrent peu à peu les aspects variés.

Les logements qui accueillent la jet-set des assistants techniques, appartements, cités, villas, cases, etc., sont globalement alignés sur les mêmes barèmes internationaux d'hébergement : catégorie standard à touriste, ou gîte de brousse. Il existe bien des préférences ou des convoitises, chaque maison possédant en fonction de sa situation, de son exposition, une cote à la bourse de l'habitat coopérant. Mais les infléchissements qui peuvent être apportés au hasard de la répartition sont le fait d'intrigues locales, non de privilèges métropolitains perpétués. Quant aux assistants techniques qui sont gratifiés d'une allocation forfaitaire et choisissent librement leur domicile, ils ne bouleversent pas pour cela l'organisation spatiale et démocratique des villages, leur indemnité étant calculée en fonction des normes touristiques générales. Celles-ci, normalement peu transgressables, régissent l'aspect géométrique de ces attributions : nombre de pièces par usager, droit au bureau, à une chambre d'enfant, etc., si bien que les grandes vacances qui s'éternisent sont ponctuées par des déménagements saisonniers correspondant au changement de poste ou à l'élargissement du cercle familial ; migrations d'ailleurs encouragées par les responsables, car elles procurent à ces coopérants, en pleine parenthèse estivale, le succédané d'une mobilité sociale. Un mobilier standardisé, tenace et fonctionnel, que conçoit et fournit l'administration du Club, répand durant sa longue carrière itinérante la même uniformité domestique chez tous les assistants techniques. Là encore, les petits avantages marginaux : buffet en bois exotique ou en formica, frigidaire récent ou hors d'âge..., vont à ceux qui se révèlent suffisamment brigueurs et cajolants dans leurs rapports avec les gentils organisateurs qui assurent l'encadrement des villages.

Dans ces espaces pré-aménagés, parmi ces objets interchangeables, patinés par les régulières passations, les coopérants expérimentent au fil des jours les formes d'unité explicite qui naissent de leur nouvelle situation. Ils vivent sur des signes intérieurs identiques, et au sein de ce monde socialement expurgé, l'argent lui-même n'est plus un facteur de stratification. Sans doute existe-t-il entre les assistants techniques des disparités au niveau des traitements, créées par leur statut ou leur ancienneté [1]. Cependant, ces différentes positions dans l'échelle des salaires n'entraînent aucun déséquilibre réel dans la société coopérante. Au Club, l'argent est invisible. Les modes de solidarité inédits qui, en réponse à leur déracinement collectif, apparaissent tout de suite parmi les assistants techniques, font de

1. Cf. annexes, tableau 10.

l'entraide un principe essentiel. Les plus faibles économiquement, les appelés du contingent, s'organisent pour partager les coûts fixes en constituant des popotes, en mettant en commun voitures, domestiques, concubines ; ils profitent souvent de tarifs préférentiels (clubs sportifs, accès aux économats militaires), de systèmes informels de redistribution ; ils bénéficient enfin de la protection de leurs aînés, généralement des couples civils chez qui les conscrits célibataires sont certains de trouver le couvert, un univers para-familial et éventuellement une marraine. Mais surtout, la part du traitement dissipée sur place est très limitée, à la fois par les possibilités du marché et le niveau de vie du pays : la compression de l'offre en produits importés, la faiblesse des tarifs locaux, stabilisent et nivellent les pouvoirs d'achat effectifs des assistants techniques. Aussi la véritable inégalité économique n'est-elle vécue qu'indirectement, et de façon voilée, à travers l'inéquivalence des rapatriements financiers effectués en métropole.

Cette homogénéité du marché, la disparition des incitations ou des repères publicitaires, laissent peu de place à la création d'écarts qualitatifs dans le style donné à la consommation. Les mêmes produits quotidiens, alimentaires, ménagers, sont utilisés par tous, et avant d'être affectés symboliquement, ils sont d'abord privilégiés en fonction de leur nécessité ou de leur rareté ; au point que, pour beaucoup de coopérants, l'époque des congés en France fournit l'occasion annuelle d'acheminer, à la limite de l'excédent de bagages, des biens de consommation courants introuvables outre-mer. Par ailleurs, les assistants techniques n'éprouvent plus le besoin de fixer leur environnement matériel : dans le cadre de cet intermède vacancier, la plupart des objets ne sont pas destinés à durer mais à être abandonnés ou négociés au moment du départ [1]. C'est le cas de l'uniforme féminin coopérant, découpé à la chaîne dans les inévitables tissus imprimés indigènes, suivant des modèles fluctuants et collectifs qui sont puisés dans les magazines occidentaux spécialisés parvenant jusqu'aux villages ; ou encore de l'automobile, dont l'achat au marché parallèle des occasions dirigé par l'assistance technique représente un pari souvent tenu sur la résistance des voitures de série à l'obsolescence et une concession au nouveau folklore tropical européen : « Il me fit monter dans sa petite Renault cabossée [2] », « La R4 de Bernard ne paie pas de mine. Elle roule m'assure-t-il. Je l'ai achetée à un de mes prédécesseurs, je la bazarderai à un successeur [3] »...

De même, le type de consommation culturelle qui leur est proposé ne favorise pas la production de disparités parmi les coopérants. Les supports institués n'existent plus, qui, sous forme d'infrastructure, de distribution, d'habitude de classe, de mode, de critique, de salons, pérennisaient en France une division sociale ou intellectuelle du rapport à la culture, et

1. Voir à ce sujet les enquêtes Marcomer portant sur la consommation des coopérants. Les seuls biens qui échappent à la fois aux critères de l'utilité et du provisoire sont les produits artisanaux locaux, achetés dans un but décoratif et ramenés en France comme souvenirs de vacances ; du même coup, on le verra, ils déterminent une réinterprétation sociale différentielle du rapport aux objets (cf. chap. 2).
2. Jean Chatenet, *op. cit.*, p. 15.
3. Dominique Arly, *Nouées d'un ruban noir*, p. 197.

les possibilités locales sont trop faibles pour susciter la réinstauration de tels clivages [1]. S'ils boudent les séries B franco-italiennes chargées de faire le plein en public indigène, et s'ils sont dépourvus d'une de ces salles de cinéma que leurs prix prohibitifs rendent quasiment privées, les assistants techniques n'ont droit, dans le meilleur des cas, qu'à l'animation culturelle sous-traitée par le Club. Celle-ci est résolument banalisante par sa médiocrité comme par l'absence de choix. Elle parvient épisodiquement à réunir quelques abonnés dans les cinémathèques paroissiales des Centres Culturels Français ou dans les salles de conférences occultes des Alliances Françaises pour des prises de culture occidentale défraîchie. Encore ces fidèles se déplacent-ils essentiellement afin de participer aux rassemblements joyeux qui, à la sortie de l'office, décideront du programme ultérieur de leur soirée. Quant aux manifestations folkloriques indigènes, auxquelles certains se rendent bardés de toute leur panoplie touristique, elles n'engendrent que des stratifications dans l'incompréhension et confondent l'ethnie coopérante dans son extériorité béate.

Inversement, l'abolition des inégalités dans la relation aux loisirs s'effectue par le haut. Tous sont conviés à entrer dans la fameuse ronde des sports offerte par le Club où, à l'aide de moniteurs autochtones, il est possible de pratiquer de nombreuses disciplines, et notamment celles qui sont les plus dis-

1. Ceux-ci sont vécus soit par procuration, à la lecture des revues métropolitaine, soit subrepticement, à travers un discours et des pratiques métaculturelles qui réhabilitent le produit commercial de masse. (cf. chap. 2.)

criminatoires dans leur recrutement métropolitain: tennis, voile, équitation, chasse, pêche sous-marine... Tous ont accès aux mêmes clubs, cercles, bars, sans condition d'origine, d'élégance ou de revenus [1].

À ce nivellement des conditions correspond un effacement des différenciations sociales élémentaires. Le cloisonnement des générations est en grande partie résorbé. Au Club, on a toujours vingt ans, et cette démocratisation du rajeunissement, portant sur un volant de classes d'âge ramassé [2], est d'autant plus facile que l'aînesse ne correspond pas forcément à une ancienneté dans le métier de coopérant. Les plus vieux s'empressent de sacrifier à cette cure de jouvence et font à merveille dans la décontraction dynamique, les petites foulées, le franc-parler argotique; avec leurs cadets, ils sont les premiers à décider de la suppression des condescendances, à provoquer l'intertutoiement et la mixité des activités sportives ou nocturnes, à substituer aux formes de distance sociale habituellement respectées entre les générations une camaraderie de bon aloi. Sont également oubliées les frictions liées à la division sexuelle du travail, les assistants techniques mariés abandonnant au personnel indigène subalterne les besognes les plus déplaisantes. Ces gracieux ménages connaissent de vraies vacances, nullement em-

1. Cette disproportion entre la pauvreté des activités culturelles et l'abondance des loisirs est vivement ressentie par les coopérants : si plus de 70% sont satisfaits des seconds, moins de 40% le sont des premières. (Enquête Marcomer, *Actuel développement*, n° 4). Il reste au Club à faire sa révolution culturelle.
2. Cf. annexes, tableau 6.

poisonnées par les contingences domestiques, les conflits techniques ou les débrayages.

La rencontre

Sur ces bases neuves, le Club Coopération se flatte de stimuler parmi ses membres des formes d'interaction épurées et alertes. Le temps des grandes vacances, c'est celui de l'ouverture des rencontres, et le principe fondamental de la sociabilité estivale coopérante est le libre-échange intégral à l'intérieur des villages. Durant cet interlude dans le tiers-monde, la création des liens peut s'établir sans médiations ni perspectives : l'érosion des significations métropolitaines désenclavant les contacts ou les dépoussiérant de leur maniérisme permet au jeu des affinités de s'exercer en toute simplicité, et comme chaque assistant technique est dépossédé de ses enracinements passés, les relations ainsi engendrées ne s'inscrivent plus dans des histoires individuelles encombrées, dans des systèmes d'influence ou d'intérêt, dans des démarches socialement sélectives. Au Club, on fait facilement des connaissances. Et ce ne sont pas les occasions qui manquent, puisque l'ensemble des coopérants est plongé dans une atmosphère communautaire étroite qui précipite les rencontres : à la réceptivité immédiate qu'ont les uns pour les autres les Européens en situation d'expatriation dans un milieu qui leur demeure largement opaque, répond l'enchevêtrement des rapports professionnels et privés. Il n'y a plus d'anonymat, d'exclusion, mais tous participent nécessairement de manière active à l'élaboration et à l'organisation de leur vie estivale de groupe.

C'est évident en brousse où une promiscuité totale, les mêmes mécanismes d'autodéfense et un solide esprit d'équipe sont exigés des villégiateurs intrépides qui, dans la gamme des possibilités touristiques proposées par le Club, ont fermement opté pour l'aventure et l'odyssée. Mais c'est vrai également en ville, où la rencontre, tout en étant posée comme fortuite, est en fait inéluctable, les assistants techniques se retrouvant en permanence sur certains lieux stratégiques qu'ils ont investis. Autour des boîtes postales lors de la distribution du courrier, à l'aéroport pour conduire ou accueillir d'autres coopérants, ils vivent rituellement une relation collective ombilicale à la mère-patrie ; à la librairie, au moment de l'arrivée des journaux métropolitains, dans les cafés, restaurants, night-clubs qu'ils ont annexés, à la fin de l'office culturel, à la plage ou au bord de la piscine, à leur travail ou au marché, ils se croisent, se repèrent, se guettent, se dévisagent sans cesse, s'identifiant aisément à leurs agitations parallèlement programmées de petits touristes installés et routiniers. Ils sont toujours en situation virtuelle d'échange, et « cet état d'hypersocialité », suivant l'expression de Jean Poirier [1], entraîne rapidement la formation de sous-groupes. Constitués dans la liberté surveillée et avec la pseudo-disponibilité qui président aux rencontres de vacances, ces sous-groupes se contentent pour la plupart d'entériner une position de mitoyenneté résidentielle ou de confraternité professionnelle ; voisins, enseignants de

1. « Dépendance et aliénation », *Cahiers Internationaux de Sociologie*, XL, p. 76.

mêmes établissements, techniciens..., décident de réglementer un commerce quotidien mais jusqu'alors inorganisé, ces rapprochements paresseux s'articulant au mieux sur une pratique estivale commune: sport, poker, recherche sexuelle, idéologie tiers-mondiste, etc. Au sein de ces divers circuits est aussitôt planifiée une rotation des invitations. Les coopérants «vivant en vase clos, se retrouvent régulièrement chez l'un ou chez l'autre [1]» et mettent ainsi en mouvement une dynamique de la fréquentation à laquelle nul n'échappe, aussi contraignante soit-elle pour certains : «C'est une obligation. Des gens, on en a marre de les voir mais on ne va pas jusqu'à leur cracher sur la gueule. Si bien que si ces gens-là vous invitent, on y va en fin de compte. Comme à une corvée [2].»

2. Le nouveau statut social

Pour les gentils coopérants, ces grandes vacances au Club Coopération sont donc vécues comme une métamorphose des rapports sociaux et des relations inter-individuelles traditionnelles. Du charter aux premières mondanités, tous ont le sentiment d'être pris dans un processus de brassage et d'unification, d'entrer dans une existence rénovée, délivrée des déterminismes d'origine, sans cadre préétabli. Et leur confrontation simultanée avec la grande inconnue indigène ne va nullement les dérouter dans cette dé-

1. *Esprit, op. cit.*, p. 49.
2. Yves Durandeau , «La coopération en pratique», *Recherches*, n° 15, p. 117.

marche estivale : à travers l'image qu'elle leur retourne d'eux-mêmes, totalement indifférenciée sur le plan collectif, cette société locale catalyse au contraire leur impression de rupture et de nivellement.

En tant qu'étrangers, ils procèdent globalement d'une essence distincte : ils sont les toubabs, les vazahas, etc., les héritiers de toute la mythologie occidentale, d'une représentation de la supériorité blanche assénée durant des décennies et qui reste profondément ancrée dans la mémoire du tiers-monde. Par définition, ils sont rapides, efficaces, dégagés des interdits ou des pesanteurs sociologiques autochtones ; ils demeurent imprévisibles, insaisissables, porteurs d'une logique et d'une violence symbolique qui expriment leur hégémonie ethnique. Comme l'écrit Jean-Pierre N'Diaye : « Quels que soient son origine sociale, son métier, son niveau d'instruction ou de culture, et sa compétence, le Blanc est un élu, et, par voie de conséquence, il est muni de privilèges qui le hissent au premier rang [1]. » Les assistants techniques bénéficient ainsi des automatismes de soumission créés par les Européens au sein des populations colonisées. Ces manifestations mécaniques de déférences sont incessantes : respect, servilité, préséances multiples. Tandis qu'ils sont élevés au grade de chef, ou de patron, l'indigène n'est pour eux qu'un prénom, souvent saugrenu, mais culturellement comestible par son appartenance au calendrier chrétien ou par sa transformation stan-

1. *Jeune Afrique*, n° 500. Il s'agit là d'une attitude générale n'excluant évidemment pas l'apparition de réactions d'agressivité et d'hostilité, qu'elles soient politiquement élaborées ou sauvages.

dardisée en diminutif; devant eux, tels des ballets exotiques bien orchestrés, les files d'autochtones s'effacent dans les magasins, les occupants des taxis sont expulsés à leur profit, les serveurs de restaurant tourbillonnent; dans ce monde corvéable à merci, il y a toujours un bras coloré prêt à suppléer à leurs défaillances ou à leur ennui.

En tant qu'économiquement aisés, ils forment indissociablement un groupe de privilégiés. Leurs logements et les divers avantages domestiques fournis par le Club répondent à des normes modernes d'habitation et à des critères de confort qui sont localement exceptionnels; leurs modes de consommation, calqués sur les habitudes occidentales, les érigent par rapport au pays en microsociété d'abondance et de gaspillage; leurs lieux de détente, de sortie, d'agapes ou d'ébriété sont inaccessibles à la plupart des autochtones; leurs traitements enfin, dans tous les cas, les placent dans une position financière prééminente, car face à la faiblesse du niveau de vie indigène, le salaire coopérant minimum suffit à procurer une agréable puissance matérielle. Ils éprouvent d'ailleurs rapidement les différents aspects de cette situation enviée: en subissant un harcèlement en règle et des sollicitations monétaires permanentes, et en mesurant les possibilités innombrables qu'ouvre ce pouvoir d'achat dans l'univers démuni où ils évoluent. Tout est à vendre, et leurs ressources les autorisent à s'offrir des caprices, des services, des expériences, qui, en métropole, sont réservés à des minorités décroissantes.

D'emblée les coopérants acquièrent donc un statut social neuf et prestigieux, disposent d'une considération sans commune mesure avec celle qu'ils obtiendraient en France. Ils détiennent les arguments essentiels, mythologiques et économiques, de la domination sociale. Mais ce statut nouveau, qui est la traduction d'un rapport politique à l'échelle mondiale, la société coopérante se montre de toute évidence incapable de l'assumer directement. Il y a là une contradiction trop brutale à la fois avec les principes démocratiques de son fonctionnement interne de Club, et avec le sens qu'elle prétend donner à sa mission outre-mer. Les assistants techniques, qui participent pleinement au thème vacancier d'une existence provisoirement libérée des significations sociales d'origine, ne sont pas disposés à se ressaisir par ailleurs comme socialement déterminés. Et ils ne sauraient admettre que leur unité soit en partie fondée, et en tout cas révélée dialectiquement, par leur opposition à une population dominée. D'autant qu'ils situent leur passage dans le tiers-monde sous l'angle de l'aide, de la générosité, du volontariat. Ils se légitiment à partir de leur virginité historique, soulignent bien que leur présence n'est entachée d'aucun passif politique, veulent être appréhendés par les indigènes comme porteurs d'idées et de comportements de progrès, d'attitudes modernes et libérales. Collectivement, il leur est impossible de vivre l'ambiguïté d'une telle condition. Car même ceux, et ils sont nombreux, qui n'adhérent pas à cette image de marque de la société coopérante ou la contestent vigoureusement au nom des implications politiques de leur rôle, en restent néanmoins tributaires : leur engagement exige le maintien d'une contradiction qui justifie chez eux malaise ou imprécation, et les quelques correctifs symboliques qu'ils peuvent apporter à leurs privilèges sont encore une manière de jouer et d'abuser de ce statut[1].

Aussi les coopérants développent-ils inconsciemment par rapport au milieu social local des conduites idéologiques leur permettant de s'occulter la réalité de cette situation hégémonique. Conduites paradoxales puisque, en tant que stratégiquement exemplaires, elles témoignent finalement d'une subtile mécanique du pouvoir.

Le camouflage mythique

Les assistants techniques, qui se veulent débarrassés des préjugés du tout-venant touristique, et qui sont gourmands de contacts humains authentiques, ne peuvent explicitement accepter la dimension mythique de leur statut social. Cette image d'une transcendance blanche, qui les accompagne partout et déclenche dans le monde local humilité et révérence, ils s'appliquent ouvertement à la combattre et s'efforcent d'imposer une nouvelle version de la présence occidentale. Leurs pérégrinations dans les territoires et quartiers indigènes sont menées comme des opérations de charme : la démarche modestement chaloupée, le regard curieux et avenant, le sourire bienveillant, ils offrent à tous leur sympathie débordante et s'attirent fugitivement celle des mendiants du coin qui les escortent un moment, mais se dispersent vite en constatant que ces belles âmes sont incorruptibles. À chaque occasion, ils se mon-

1. Cf. chap. 3.

trent soucieux de dédramatiser de la voix et du geste les relations de subordination, de bousculer les conventions stéréotypées du passé et compliquent étrangement l'existence des autochtones que ces démonstrations formelles de reconnaissance obligent à codifier différemment les échanges et à inventer d'autres arguments pour défendre leurs intérêts. Quotidiennement, ils refusent dignement les mesures de faveur particulières dont ils font l'objet. Devant ces manifestations automatiques de servilité, ils se fâchent gentiment : les indigènes doivent réaliser que leurs amis coopérants abordent d'une manière respectueuse et attentive les rapports interethniques, que dans ce contexte renouvelé, il est grand temps pour eux de désapprendre leurs conditionnements de colonisés. Et pour donner l'exemple, ils essayent patiemment d'agir à rebours des habitudes, provoquant soit le dédain, soit l'hilarité. Ils cèdent leur place, font office de porteurs, poussent le véhicule récalcitrant d'un conducteur local... Avec leurs homologues autochtones, les assistants techniques tentent d'établir des relations de cordialité spontanée : ils les gratifient de bourrades amicales, les interpellent avec bonhomie, les associent à leurs fines plaisanteries d'importation, à leurs histoires estivales de petits Français en rupture de métropole, adoptant ainsi une attitude aussi ethnocentriste que celle qu'ils rejettent puisqu'elle s'inspire des modèles de familiarité artificielle prisés dans le Club ; par lassitude, certains de ces collègues finissent quelquefois par céder aux suppliques réitérées et se laissent conduire avec morosité jusqu'au café européen ou au domicile de leurs homologues blancs, à la grande gloire éphémère de ces derniers. Mais face à l'insuccès presque complet qui sanctionne ces entreprises de séduction, les coopérants se rabattent généralement sur un personnel domestique qui en a vu d'autres et qui leur sert d'ultime cobaye. Ces expériences de laboratoire débouchent sur des situations psychodramatiques du plus haut burlesque : l'assistant technique vouvoie son boy qui, pour sa part, continue de pratiquer vis-à-vis de son maître le tutoiement traditionnel ; il demande à être appelé par son prénom et devant l'incompréhension butée qui accueille cette requête, il prodigue à son serviteur des « Monsieur » aussi sonores que ceux auxquels il a obstinément droit ; il propose à son cuisinier de partager son repas, mais celui-ci, qui ne se nourrit ni des mêmes aliments ni des mêmes conversations, trouve tous les prétextes pour échapper à cette invitation, etc. Pourtant, par-delà ces comportements de façade, qui ne modifient rien, les coopérants contribuent en fait à pérenniser l'image d'eux-mêmes qu'ils croient ainsi abolir. Indirectement, et sans s'en rendre compte, ils vivent et réactivent, à travers leurs enfants, les derniers prolongements mythiques de la transcendance blanche.

Élus de ce séjour outre-mer, les enfants de la société coopérante le sont au même titre que leurs parents. Au Club les enfants sont rois. Pour eux aussi, le tiers-monde est un lieu de grandes vacances et d'impunité. Composant un monde enfantin privilégié, ils sont, par rapport au monde enfantin indigène, dans une position sociale parallèle à celle de leurs aînés. Mais entre ces deux groupes, le contraste est encore plus saisissant que celui qui scinde l'univers des adultes. Par leur situation démographique dans leurs communautés respectives, les enfants coopérants et indigènes sont en relation inversement proportionnelle, et leur opposition est celle des extrêmes, la plus patente[1]. Par ailleurs, la sensibilité européenne, qui ne devient raciste qu'à l'âge du premier salaire, se laisse volontiers aller à l'attendrissement devant l'enfant exotique et éprouve comme davantage scandaleuse l'injustice dont il peut être victime. Or l'inégalité est totale. Dès sa naissance, la progéniture coopérante apprend les égards distinctifs dus à son rang : prévenance de sa nurse indigène, douceur des techniques de portage, régularité des rythmes alimentaires, super raffinement de l'hygiène, cristallisation des attentions autour de sa personne. L'enfant blanc est toujours précieux et singulier, *a fortiori* dans un environnement où il se trouve différent et menacé (microbes, insectes,...) : et la moindre apparition sur son corps d'un bouton ou d'une rougeur suspecte met en alerte toute la maison et déclenche des opérations sanitaires d'envergure. Pour la plupart de ses contemporains indigènes, au contraire, sans même évoquer la malnutrition, la maladie, la mortalité infantile, il y a dispersion des soins et de la tendresse, intégration immédiate dans un système familial pléthorique où l'enfant n'est jamais l'objet d'une exclusivité affective. En grandissant, l'enfant coopérant continue à se démarquer de la grande masse enfantine autochtone ; surnourri, coquettement vêtu, petit consommateur averti, familier des longs courriers, des

1. Cf. annexes, tableau 9.

hôtels, des piscines, etc., il tranche sur un monde local où les signes les plus visibles de la pauvreté sont d'abord repérables sur les enfants : dénuement vestimentaire, mendicité, petits métiers (cireurs, porteurs, vendeurs...) et où, à l'exception de quelques minoritaires urbains, ceux-ci n'ont aucunement accès au mode de consommation enfantin occidental. Avec l'expérience scolaire, qui les place dans des situations concrètes de contact et d'affrontement, quoique édulcorées par les formes de sélection locales, les enfants des assistants techniques sont peu à peu conduits à intellectualiser cette disparité. Ils sont en relation avec les enfants des milieux européens post-coloniaux qui leur transmettent des systèmes d'attitudes plus arrogants et autoritaires à l'endroit des réalités indigènes que ceux qui circulent dans la société coopérante ; de plus, ils analysent la supériorité de leurs performances scolaires sur celles des condisciples autochtones en termes de don et non d'héritage culturel. Aussi, malgré les encouragements sempiternels qui leur sont donnés dans ce sens, la mixité de leurs groupes est faible, et elle n'ira qu'en diminuant avec l'adolescence et l'entrée dans la compétition sexuelle [1].

Pris dans un rapport social qui, au niveau de leurs classes d'âge, reproduit en l'amplifiant le modèle adulte, ces enfants tendent ainsi à légitimer leur situation de manière essentialiste. Et dans leurs représentations quotidiennes, qui sont renforcées par la complaisance d'un entourage indigène subalterne entraîné à tous les despotismes en herbe, ils en vien-

1. Contrairement, on le verra, à la compétition sexuelle adulte.

nent à affirmer, bien au-delà de leurs parents, l'image d'une transcendance blanche. Or ces derniers, lorsqu'ils interprètent l'expérience outre-mer de leurs enfants, l'envisagent comme si elle était originelle, immédiate, comme si la société enfantine n'était pas historique. Ils comparent les comportements respectifs des deux groupes témoins, et projetant dans leurs analyses les inductions secrètes nées de leur propre pratique, décèlent entre eux des prédispositions naturelles différentes. Le petit indigène est vif et malin, mais dépourvu des qualités discursives du petit blanc ; le premier est exubérant, vit en osmose avec la nature, mais le second est plus posé et curieux ; l'un est freiné par une sensualité précoce, alors que l'autre se développe sans discontinuité biologique brutale, etc. Dans ce cadre conçu comme socialement vierge, univers de guimauve revu par Summerhill où batifolent l'archétype enfantin animiste à la mode Levy-Bruhl et son homologue mécaniste à la sauce Piaget, les coopérants peuvent donc soulever à loisir les questions équivoques et réprimées entre adultes que suscite l'opposition avec le monde autochtone : le racisme est-il spontané ? y a-t-il une distribution raciale inégale des possibilités ?... Et à toutes ces questions, l'exemple et l'attitude des enfants apportent des réponses, culturellement déterminées, mais posées comme naïves et fondamentales, qui permettent aux adultes de ranimer les vestiges d'une transcendance blanche qu'ils vivent ainsi par procuration.

Mieux, et toujours inconsciemment, les coopérants utilisent la personne même de l'enfant d'une façon magique, pour médiatiser leur relation avec le milieu indigène. Déjà, dans la société métropolitaine, la présence d'un enfant, saisi comme équivalent social formel, est souvent exploitée à des fins de diversion : elle aide, lors de rapports entre classes, à la fois à créer une communication minimale et à neutraliser la tension entre adultes. Mais outre-mer, ce mythe de l'enfance est dédoublé : l'enfant européen existe d'une part en tant que tel, contact ethnographique participant d'une universalité sociale, et d'autre part en tant que blanc, donc radicalement spécifique dans sa substance. Il est le lieu innocent où s'incarne un principe différent, une ontologie. Ce n'est pas un hasard si les récits coloniaux édifiants regorgent de délicates fillettes aux longues boucles d'or qui mâtent les rebelles, jugulent les révoltes d'esclaves, pacifient des régions entières, et cela sans effusion de sang[1]. Elles sont les dépositaires privilégiées du sacré occidental et leur apparition angélique suffit à désarmer les indigènes, à les figer dans des attitudes de dévotion. Petites filles modèles dont le moindre avatar n'est pas le Bichon décrit par Barthes, qui « oppose sa blondeur, son innocence, ses boucles et son sourire au monde infernal des peaux noires et rouges... qui adoucit et soumet sans coup férir les sauvages[2] ». Suivant ces données mythologiques affadies mais persistantes, en se servant de la présence d'un enfant, il ne s'agit pas tant pour les assistants techniques de désamorcer un échange social précis que de signifier globalement leur participation à une transcendance face à l'altérité com-

1. Voir par exemple Renée Saurat, *La Petite fille de la Grande Île*, ou Anne Fresneau, *Thérèse à Saint-Domingue*, etc.
2. *Mythologies*, p. 71.

pacte de l'univers indigène. En brousse, en ville, on assiste ainsi couramment au spectacle banal mais révélateur que fournit le coopérant en se composant culturellement par rapport à l'enfant qu'il traîne, exhibe, manipule, telle une petite mascotte irresponsable de la supériorité blanche, gage pour lui des implications mythiques d'un statut social dont il a la satisfaction par ailleurs de dénoncer superbement l'irréalité.

Le camouflage économique

Il reste que leur prospérité économique nantit les assistants techniques, vis-à-vis du pays, de facilités qu'ils peuvent difficilement ignorer ou refuser[1]. Mais à cette autre dimension, de leur statut, ils répondent également de manière remarquable : en essayant de reconduire sur place les conduites de dissimulation employées par la bourgeoisie métropolitaine.

Dans la société française, comme dans tout l'univers capitaliste, les inégalités économiques possèdent concrètement une traduction simple : la même somme n'offre que potentiellement les mêmes possibilités. Autrement dit, au niveau de la comptabilité domestique des groupes sociaux, une même dépense ne correspond jamais à un même investissement, et le rapport à l'argent est vécu de façon bien dissemblable, suscitant dans chaque cas des comportements culturels et économiques spécifiques. Mais à

1. Certains coopérants affectent de vivre à l'indigène, du moins au travers de quelques signes extérieurs bien sélectionnés. Mais par rapport à la population locale, cela ne les destitue aucunement de leur statut social, et leur procure tout juste une vague image hippisante.

ces stratifications financières ou statutaires, l'idéologie bourgeoise oppose une conception universelle de la valeur. À partir des multiples dénominateurs communs de la consommation (les produits alimentaires de base, l'essence, la fiscalité indirecte, etc.), elle s'efforce d'accréditer l'idée que les catégories sociales sont reliées par des franges d'équivalence et que, dans ce no man's land politique, l'achat et l'investissement sont confondus. La publicité (en insistant sur l'identité symbolique des objets), l'information et la vulgarisation économique (indice des prix, cours du soir présidentiels sur la conjoncture, etc.) instituent implicitement un système global de référence, une standardisation du coût de l'existence. Il n'avait pas échappé à Marx que dans la société bourgeoise, « à un moment donné, la circulation monétaire fait de chacun, non seulement l'égal d'autrui, mais l'identifie à autrui, et son mouvement consiste à faire passer chacun, alternativement - du point de vue de la fonction sociale - à la place d'autrui[1] ». À partir de cette mystification peut s'établir entre les classes une communication formelle élémentaire sur le prix de l'argent. Durant ces rituels neutralisants (conversations de café, petites transactions), où les privilégiés s'occultent leur véritable relation à la monnaie, l'argent, tout en étant différent pour chacun dans le réel, devient le même pour tous dans l'imaginaire : tel le temps ou la santé, il est alors le point de rencontre objectivé des groupes sociaux.

Or dans leur confrontation avec la société indigène, les assistants techniques voient disparaître

1. *Contribution à la critique de l'économie politique*, p. 322.

cette standardisation idéologique de la valeur. Ils sont engagés dans un rapport social qu'il n'est plus possible de dépasser fictivement, comme en métropole, à partir d'une égalité formelle minimum de la consommation. La dépossession économique locale est telle que la notion mythique de dénominateurs communs qui engloberaient les niveaux de vie indigènes et européens est sans prise sur la réalité. Et cette disparité radicale est évidente au niveau de tous les signes extérieurs (physiques, vestimentaires,...) que chaque communauté présente. Tout se passe en fait comme si la monnaie possédait deux cours : un cours européen où l'argent est coté en fonction des normes françaises de consommation, généreusement rectifiées par l'éloignement sur le plan des indices salariaux [1], un cours indigène où, dans la plupart des cas [2], l'argent est évalué sur le coût minimal de la survie. De plus, les coopérants importent une pratique de l'argent qui se veut fondée sur les principes de la rationalité économique tandis que les autochtones, récemment et inégalement pénétrés par l'économie de profit, donnent souvent à la monnaie des réinterprétations culturelles qui débordent considérablement sa finalité marchande [3]. La relation à l'argent prend donc une signification fondamentalement différente selon qu'elle est vécue à travers les pa-

1. Outre-mer en moyenne, et sans évoquer leurs avantages annexes, les coopérants civils touchent environ le double de ce qu'ils gagneraient en France pour le même travail.
2. Il est clair que les minorités bourgeoises vivant à l'européenne participent objectivement de l'univers économique des assistants techniques.
3. Voir les travaux de l'anthropologie économique, notamment Maurice Godelier.

ramètres occidentaux ou indigènes, les uns et les autres impliquant des types d'existence, des espaces, et des marchés séparés, constitués en ensemble disjoints.

À l'intérieur du secteur économique européen, et dans leurs rapports privés, les assistants techniques appréhendent et utilisent la monnaie (dépenses, prêts, épargne) à partir de leurs critères métropolitains ; dans le cadre de leurs rapports avec les autochtones, l'usage de cette monnaie est codifié à partir des données indigènes de l'offre et de la demande. Parmi les premiers enseignements que le coopérant reçoit à son arrivée au Club, il y a la liste des tarifs officieux en vigueur sur le marché local : sont confiés le coût des denrées alimentaires ou des objets artisanaux, ainsi que le prix courant de la force de travail d'un chauffeur de taxi, d'un(e) domestique, d'un ramasseur de balles, d'un(e) prostitué(e), d'un cireur de chaussures, etc. Ce mode d'emploi de l'indigène étant agrémenté des habituelles considérations ethno-physiologiques chargées de rationaliser l'extrême faiblesse de ces rétributions : ils n'ont pas les mêmes besoins, leur équilibre calorifique est particulier, ils n'aiment que le riz, etc. Très rapidement, les assistants techniques apprennent donc à interpénétrer en virtuoses ce double système de référence, à jongler avec une monnaie formellement équivalente pour tous, mais qui recouvre deux réalités discontinues, absolument irréductibles l'une à l'autre. Pourtant, bien qu'ils maîtrisent parfaitement les finesses arithmétiques de cette situation de domination, ils s'emploient à l'annuler magiquement, et cela suivant la bonne vieille logique des mystifications bourgeoises. Puisque n'existe pas d'autre médiateur qui soit porteur d'universalité abstraite, ils exploitent le seul biais dorénavant possible : la circulation monétaire directe qui voit, quotidiennement, l'argent passer de leurs blanches mains aux mains indigènes. A l'occasion de ces petites interactions économiques, les coopérants tentent de persuader l'autochtone qu'il évolue dans le même univers économique. Ils se conduisent soudain comme si la monnaie n'était plus bivalente, comme s'ils partageaient avec leurs interlocuteurs à la fois une semblable définition de la valeur et des catégories économistes d'usages identiques. Ainsi, les discussions au marché, les augmentations du boy, du jardinier, les pourboires, etc., donnent lieu à des argumentations tatillonnes sur l'opportunité des infimes sommes concédés (infimes par rapport au cours occidental de la monnaie), qui elles-mêmes sont généralement suivies de recommandations sentencieuses concernant la bonne gestion de cet argent : conseils en investissements, mises en garde contre le gaspillage, imposition de plans d'épargne forcée... Ces attitudes se trouvant renforcées par leurs corollaires systématiques que sont la méfiance, l'obsession d'être floué, le triomphalisme du gain de cause.

Il serait dérisoire d'imputer de tels comportements à la parcimonie ou à une quelconque propriété caractérielle. Ils coexistent souvent individuellement avec des pratiques comptables inconséquentes ou même avec des opérations redistributrices [1] qui ont justement pour fonction de moraliser cette relation à l'argent dont la réalité est parallèlement déguisée ; et

1. Cf. chap. 3.

ils n'apparaissent que dans ce type précis d'échange, où les coopérants sont engagés sur le plan de leur signification sociale objective. Car plus flagrante est l'inégalité économique, plus outrée doit être la comédie des privilégiés pour créer l'illusion d'un consensus sur la valeur[1]. Comédie que, pour leur part, les assistants techniques intellectualisent en termes de folklore, de rite indigène, de sacrifice au goût local pour la palabre, et autres idées reçues. Les autochtones ne sont d'ailleurs nullement dupes qui ont l'habitude de proposer pour un service ou un produit équivalent deux tarifs, l'un à destination interne, l'autre à destination étrangère ; vainement toutefois auprès des coopérants pour qui ce système compensatoire du double cours de la monnaie fait partie des traquenards exotiques qu'ils se font forts d'imparablement déjouer.

Mais l'objectif de ces assistants techniques n'est pas tant de convaincre l'indigène que de se masquer à eux-mêmes le sens réel de leur nouvelle condition sociale. En reproduisant outre-mer les parades idéologiques du pouvoir économique occidental, en donnant une signification formelle univoque à l'argent tout en vivant concrètement et en experts sa dualité, ils conjurent à leur profit cette situation de domination dans laquelle ils ne peuvent s'installer. Ce qui,

1. Isomorphe est le comportement de la grande bourgeoise du XVIe arrondissement, célèbre pour son âpreté dans les discussions avec les commerçants et chez qui on ne sert que de la purée ou des pâtes (rationalisation interne de cette frugalité : c'est bien meilleur pour la santé). Ces attitudes ne relèvent nullement de l'avarice, mais il s'agit toujours pour elle de masquer un rapport à l'argent qu'elle moralise parallèlement par la charité mondaine. Cette pingrerie apparente ne l'empêche d'ailleurs pas de se faire trimestriellement gruger par son administrateur de biens.

entre autres fonctions, procure à ces travailleurs immigrés dorés toute quiétude pour débattre à longueur de repas de la cherté de la vie, du mouvement de leurs indices, des avantages comparés du compte bancaire ou du compte chèques postal, du retard des primes, en se plaçant ainsi économiquement dans le seul cadre métropolitain.

Le détournement de l'agressivité sociale

S'ils se saisissaient directement comme groupe dominant, les coopérants se sentiraient menacés par une agressivité sociale : or tout en évacuant les raisons objectives d'une telle menace, à travers leur double opération de camouflage, ils s'emploient spontanément, par précaution supplémentaire, à détourner cette violence virtuelle. Pour cela ils utilisent la tactique éprouvée du bouc émissaire, lequel est tout désigné outre-mer avec le milieu colonial ou para-colonial subsistant. Contrairement à ce dernier, les assistants techniques ne tirent pas leurs privilèges d'une exploitation effective du tiers-monde : ils sont dans une situation bien protégée, sans danger d'être contre-attaqués sur ce plan. Aussi ces groupes européens post-coloniaux peuvent-ils leur servir de repoussoir constant et providentiel [1].

Pour appuyer leur campagne explicite de redéfinition des relations entre communautés, ils chargent ces tristes personnages de toute la responsabilité dans l'élaboration et la reconduction de la mytholo-

1. La présence d'une garnison militaire française suscite de la part des coopérants le même type de réaction, même si par ailleurs ils font tout leur possible pour profiter de ses coopératives ou de ses installations sportives.

gie occidentale. Les méfaits du sous-développement leur sont reprochés, leur rôle historique sans cesse stigmatisé, leur procès toujours recommencé. Ces réquisitoires frappent aussi bien les gros propriétaires fonciers, les entrepreneurs, ou les instances européennes du secteur privé, que les petits blancs (commerçant, hôteliers, employés) qui continuent à vivre sur le pays. Les premiers sont dénoncés pour leur pillage économique et les mécanismes de subordination qu'ils font peser sur la population locale, les seconds pour leur ethnocentrisme virulent, leur brutalité quotidienne. Et leurs idéologies mutuelles sont fustigées qui, sous des enrobages intellectuels plus ou moins sophistiqués, les confondent dans un même délire rétrograde. Ce transfert implicite de culpabilité débouche inévitablement sur un discours moralisateur. Autour des survivances coloniales désuètes se cristallisent les mille et une formes de l'indignation vertueuse. Le journal intime de tout brave assistant technique recèle l'épisode de bande dessinée dans lequel ce jeune homme candide et frais d'haleine défie un affreux colon couperosé surpris dans des conduites ou des propos racistes [1]. Pour le coopérant Tintin dans le tiers-monde, redresseur de torts attitré, il s'agit d'être vigilant, de débusquer à chaque moment l'odieux visage du colonialisme et d'ainsi répondre vaillamment de toute sa communauté.

Parallèlement, afin d'accréditer leur tentative de camouflage économique, les assistants techniques se démarquent ostensiblement des modes d'existence de type colonial qui persistent. Avec la société blan-

1. Voir Georges Conchon, *L'État sauvage*, p. 16, Jean Chatenet, *op. cit.*, p. 39, p. 54, etc.

che traditionnelle, ils entretiennent une relation de mépris condescendant; ils ne la fréquentent pas, ou peu, et alors dans des circonstances bien précises – motifs familiaux, professionnels – dont ils se désolidarisent après coup; évoquant avec une répugnance équivoque les fêtes somptueuses, les orgies romaines, et les festins que sont supposés abriter les résidences coloniales, ils se font un devoir de rejeter les modèles qui ont court dans ce milieu, de mener un train de vie moins démonstratif, moins scandaleux; ils essayent de s'approprier d'autres lieux de loisirs: restaurant, cafés, clubs, etc., et si ce n'est pas possible, ils vivent leur commune appartenance comme une juxtaposition pincée, affirmant par un débraillé étudié ou le relâchement de leurs usages, à la fois leur réprobation et leur innocence historique. Bref, à grand renfort de componction, les assistants techniques tentent de se décharger du passif social d'un statut dont ils se nient simultanément la réalité. Ces spectacles déconcertants se déroulant devant un public indigène détaché dont la société coopérante attend, de façon latente, un arbitrage en sa faveur qui la confortera dans son aveuglement.

À ces condamnations politiques et à ces entreprises de boycottage, les milieux post-coloniaux répondent d'ailleurs par un dédain réciproque. Pour eux, les coopérants sont prétentieux tout en ignorant le pays, mesquins alors qu'ils sont surpayés, et, sauf exception, infréquentables. «Ils n'ont pas le panache de leurs aînés», déplore un ancien administrateur de la France d'Outre-Mer[1]. Le coopérant transfuge qui

1. Roger Pascal, *La République malgache*, p. 152.

essaye de s'intégrer à ces groupes est prié de manifester quelque repentir, contraint de s'autocritiquer sévèrement, et, du même coup, se met temporairement en disponibilité des échanges sociaux du Club.

Retranchée derrière toutes ces dissimulations, dont le sens réel lui échappe, l'assistance technique vit ainsi sa condition de manière douteuse, dans la fausse conscience. Elle se dévoile à travers la façon dont elle se cache. Comme le note Jacques Austruy, des colons aux assistants techniques, « on est passé de l'arrogance des privilégiés aux complexes des prébendiers [1] ». Car l'aventure coopérante n'est pas l'aventure coloniale. Celle-ci comportait des risques, supposait un enracinement et des intérêts économiques dans le pays ; il y avait un coût qu'il fallait assumer. La société coopérante n'est qu'une petite aristocratie parachutée, entretenue par la métropole, transitaire. Colons fantômes, coloniaux de vacances, aventuriers du grand tourisme, congés payés du tiers-monde, les assistants techniques ne peuvent se définir outre-mer que dans le contexte de leur Club, c'est-à-dire hors de toute détermination historique. Mais les avantages restent identiques. Et en se refusant comme groupe dominant, en camouflant ou en détournant les diverses implications de leur nouveau statut, les coopérants profiteront avec d'autant plus de sérénité de la rentabilité sociale de ce statut et de tous les bienfaits connexes des traditions coloniales.

1. *Le Néo-colonialisme*, p. 12.

3. LE TIERS-MONDE PROMOTIONNEL

L'époque est bien finie qui voyait les fils de famille ratés s'exiler aux colonies et tirer parti des facilités locales pour essayer de se refaire une santé sociale. Désormais, avec les coopérants, ce sont des touristes proprets, diplômés, et munis de leur billet de retour qui s'expatrient. Mais le tiers-monde continue pour eux à remplir les mêmes fonctions. Au Club, on peut faire tout ce qui est irréalisable en temps normal. Les échelles habituelles basculent, et les assistants techniques se retrouvent outre-mer en face de possibilités absolument démesurées par rapport à leurs capacités courantes, à leur niveau d'aspiration métropolitain. « On les a engagé, dans la plupart des cas, avec des qualifications inférieures de moitié aux normes de l'Europe, et avec des salaires doubles. Alors, ils perdent l'équilibre... Les femmes qui n'ont jamais eu les moyens de s'offrir une bonne, ont un boy et quelquefois un cuisinier. C'est une explosion de respectabilité, la promotion sociale dans toute sa gloire, un sentiment soudain de puissance qui ne s'appuie sur aucune base réelle [1]. » Cette promotion collective, pressante puisqu'elle est limitée au temps de leurs vacances et sans retombée ultérieures, les coopérants s'appliquent donc à la vivre tous azimuts.

La vie facile

Si la société coopérante censure toutes les formes mondaines d'ostentation qui pourraient évoquer le grand train mythique du colonisateur, elle n'en

1. Jean Chatenet, *op. cit.*, p. 56.

mène pas moins un mode d'existence appréciable à beaucoup d'égards. L'intendance docile et diversifiée, le pouvoir d'achat local, la facilité des réceptions, l'atmosphère estivale, favorisent la création d'un style de vie sociale discrètement colonial, mais en nette amélioration sur l'ordinaire métropolitain.

Le logement, qui, par sa superficie, son emplacement, ses commodités, est toujours considéré comme le symbole tangible de la promotion tropicale [1], constitue le point de convergence de l'existence coopérante, le pivot de sa dynamique collective. Il sert de cadre aux invitations rotatives qui rassemblent les assistants techniques au sein de leurs sous-groupes. D'une maison l'autre, les mêmes convives se retrouvent ainsi, à quelques variantes près, pour participer à ces repas réguliers. Ils y empruntent les itinéraires immuables qui conduisent du coin salon au coin salle à manger de la pièce de séjour, avec parfois une escale sur les chaises en fer forgé du jardin. À cette homogénéité balisée des intérieurs répondent la redondance des conversations et la similarité des mets (les chefs indigènes ont généralement la même spécialité, mais on peut faire des comparaisons). Et si l'aigreur des vins, les chopes à whisky, la décontraction vestimentaire, ou la décrépitude des voitures témoignent du bon esprit non colonialiste qui règne au Club, les formes n'en sont pas pour autant sacrifiées : les horaires, la répar-

1. Ces avantages matériels existent moins par rapport à la métropole que vis-à-vis d'un pays ou l'électricité est un privilège, le Prisunic un magasin de luxe, etc. Et leur surestimation mécanique, même quand elle est fondée, a quelque chose de pathétique chez beaucoup de coopérants de carrière qui investissent ainsi toute leur ambition sociale dans leur expatriation.

tition des rôles féminins et masculins, le plan de table, le cérémonial de l'apéritif, du café ou de l'infusion, les apparitions du domestique, font l'objet d'une codification figée. Chacun retrouve sa place, attribuée une fois pour toutes, et n'a plus qu'à ajuster son discours au disque rayé des propos de table coopérants, à régler ses déplacements en fonction des stimuli usuels : signe d'émigration générale d'un coin à un autre, signal du départ. Méticuleusement conventionnelles dans leur entier déroulement, sans révélation ni surprise, si ce n'est l'actualisation de ragots et de médisances particulièrement inspirés par l'absence d'un abonné [1], ou la permutation semestrielle du salon et de la salle à manger qui donne lieu à de fracassantes inaugurations où sont dédramatisés les renversements d'automatismes, ces réunions répétitives traduisent le fonctionnement à l'état pur d'une démocratie vacancière. Elles sont la socialité coopérante elle-même en acte. Sur fond de significations banalisées mais bienséantes, elles délivrent le paisible ronronnement de l'autosatisfaction collective. Au point qu'il y a parfois des relâchements et que, vers les fins de repas, les attitudes condescendantes tant décriées chez les colons peuvent se manifester. La femme coopérante excelle dans cet exercice privé à défaut d'être public. Son contact quotidien avec un monde indigène saisi comme entité grouillante (à l'occasion des courses, en conduisant les enfants à l'école, etc.) lui confère une autorité reconnue et la spécialise dans la trans-

1. Cela non plus n'est pas nouveau : « Les conversations africaines ont trois sujets : la métropole, le travail et la médisance. Cette dernière tient la plus grande place. » Henri Crouzat, *op. cit.*, p. 125.

formation de la réaction épidermique en jugement absolu. Cette expérience de la foule, pesamment détaillée et commentée, émoustille l'assemblée et libère les spéculations anthropologiques intimes de chaque convive. Les autochtones fréquentés sont passés en revue, disséqués, et, anecdotes savoureuses à l'appui, bien vite ramenés à leurs indépassables déterminations ethniques. Le boy, spécimen d'observation à demeure, finit généralement par être l'unique prétexte de la discussion[1], confirmant directement ou *a contrario*[2] ces aperçus péremptoires sur l'espèce para-humaine locale.

Lorsque débarque un nouveau contingent d'assistants techniques, ces repas rituels sont chargés d'une fonction décisive : informer les arrivants, leur transmettre les bonnes adresses, ventiler pour eux la passation des voitures et des domestiques, les distribuer dans les circuits d'invitations. Ceux d'entre eux qui sont déjà des clients familiers du Club sont longuement interrogés sur leurs expériences précédentes. Les agréments comparés des divers villages, leurs avantages financiers respectifs, le climat et l'environnement indigène de ces enclaves vacancières exotiques, soulèvent des controverses passionnées

1. Chez les grands bourgeois français, il est bien venu d'utiliser l'anglais à table quand la conversation n'a pas à être surprise par les domestiques. Dans certains villages coopérants africains, suivant les mêmes principes, chaque fois que l'on parle des indigènes devant les domestiques, c'est sous le pseudonyme de « norvégiens ». Pseudonyme si subtilement choisi pour son opposition chromatique que, dans l'esprit de ces assistants techniques, sa détection suppose sans doute des capacités intellectuelles tout à fait hors de portée des autochtones.
2. Le domestique élu et cobaye privilégié de son maître peut échapper à la sanction des stéréotypes ; c'est la masse indigène qui lui sert alors de repoussoir.

autour de la table et décident de certains projets touristiques d'avenir. Quant aux néophytes, ils ont droit à un apprentissage intensif, car de leur intégration réussie dépend la reproduction sociale de la vie coopérante. Ils sont patiemment mis au courant des usages du Club, éveillés à ses représentations collectives, jaugés à travers des entretiens non-directifs, et peuvent ainsi, à la faveur de ces épreuves initiatiques, apprécier d'emblée le caractère primesautier de prestations qui vont dorénavant constituer l'essentiel de leur existence mondaine.

Exceptionnellement, le plan de table est modifié et la maisonnée quelque peu bouleversée par la venue d'un convive indigène, le fameux homologue promis depuis si longtemps. Jusqu'à la dernière minute, l'épouse, les enfants, le boy, le chien sont accablés par les recommandations fébriles du coopérant. Chargée de mettre leur invité à l'aise, la femme s'inquiète avec conviction de ses problèmes familiaux, de son ambition professionnelle, se livre à de grands transports maternalistes sur le pays et ses habitants, tellement attachants, tandis que l'homme, contracté, rie niaisement et redoute la maladresse qui blessera une susceptibilité toujours à fleur de peau chez ces autochtones.

Afin d'apparaître ouvert aux coutumes locales, sans pour autant être suspecté de démagogie, l'assistant technique a sélectionné le menu dans un souci de syncrétisme alimentaire, et les considérations ethno-gastronomiques, renouvelées à chaque plat et stimulées par le vin gris ou rosé des grandes ripailles, permettent d'animer la conversation durant tout le repas. Le temps pour le coopérant de retrouver sa belle pugnacité coutumière et de préparer à l'intention de son hôte le compliment classique, sous forme d'un couplet anti-impérialiste qu'il récite doctement à l'heure du digestif. Ce réquisitoire, vigoureusement soutenu par une épouse qui se déclare scandalisée par le racisme sournois de certains Européens et verse un pleur sur leurs innocentes victimes, marque l'apothéose de ces événements mémorables où le coopérant, fort de sa caution indigène, se réassure pour longtemps dans son personnage de touriste évolué et sympathique en diable.

Épisodiquement enfin, les meubles sont déplacés dans le coin salle à manger, un buffet de famine pompeusement dressé, les lumières vaguement tamisées et le logis coopérant devient le théâtre d'une partie tout à fait correcte, destinée à mêler différents rallies à l'intérieur du village. C'est pour les couples d'assistants techniques l'occasion de s'adonner ensemble des parodies échangistes gentiment libératrices et sans incidence, ou de mener de petites guérillas conjugales par personne interposée dont les coopérants célibataires font généralement les frais. La note folklorique est toujours de rigueur pour ces festivités. Les femmes arborent le tout dernier pagne vendu sur le marché et tentent d'entraîner l'assemblée dans des danses exotiques. À leur grand émoi, les quelques indigènes de service conviés à ces soirées font alors complaisamment la démonstration de leurs talents chorégraphiques. Les assistants techniques mâles, rapidement évacués de la piste, observent la scène avec une indulgence sereine. Ce sens inné du rythme fait partie des concessions à perpétuité accordées à l'autochtone. Et tranquillisés dans leur libéralisme multiracial, ils peuvent s'éclipser, boire entre eux la bouteille comestible réservée aux intimes qu'ils sont parvenus à dérober et se lancer dans de longues supputations sur le coût d'une telle réception.

Ce mode de fréquentation organisé n'est pas limité au territoire domestique collectif. Diverses circonstances : la désertion du cuisinier, la rencontre inopinée et tardive, ou le simple goût du changement institué, transfèrent parfois somptueusement les repas à la cantine du club sportif, au restaurant métropolitain pseudo-régional, ou à la petite gargote exotique bon marché mais succulente, repérée et adoptée par la tradition coopérante locale. Ces sorties sont souvent nocturnes, et selon la composition des participants, elles se prolongent éventuellement dans une des boîtes pour Européens mariés et monogames, dans les bars interlopes pour célibataires occasionnels et permanents, ou se terminent à la maison par des parties de cartes chichement intéressées au taux indigène de la survie. Des week-ends à plusieurs en dehors du village, dans le bungalow loué à l'année sur une plage ou dans les vestiges coloniaux lugubres de l'inévitable station d'altitude, permettent également de décentraliser les réjouissances, de diversifier les impressions touristiques, de marchander avantageusement en brousse quelques souvenirs de vacances.

Sinon, dans ses aspects les moins formalisés, l'existence coopérante se déploie suivant des enchaînements tout aussi rigoureux. La présence routinière au club sportif est secrètement investie d'une double dimension sociale : elle offre aux assistants techniques la possibilité de se plonger dans un style privilégié de loisirs ; et la conception coloniale qui inspire les règlements, les manifestations, l'ambiance de ces cercles, leur fréquentation parallèle par la société européenne traditionnelle, les amènent implicitement, même s'ils s'en défendent, à ressentir cette appartenance comme flatteuse. La flânerie journalière à la terrasse du café annexé par les coopérants, qui sert de quartier général au Club, constitue le grand moment de rassemblement et de détente au cours duquel toutes les significations promotionnelles de leur séjour outre-mer sont échangées et collectivement vécues dans une euphorie tranquille. Et pour meubler le temps qui reste, ces vacanciers perpétuels préparent inlassablement leurs congés officiels ; soit sur place, en sélectionnant des places touristiques ou en organisant des périples en brousse ; soit en France, en décidant minutieusement, et plus de six mois à l'avance, de leurs dates de départ, de leurs escales, de leurs stop-over. Simultanément, ils négocient âprement le renouvellement du contrat qui les assurera de repartir en vacances officieuses.

Les femmes, libérées à domicile de la plupart des tâches ménagères et du soin des enfants, et notamment celles qui, dépourvues d'activités professionnelles [1], ont un total désœuvrement à combler, se cherchent des occupations de remplacement. L'exploitation cancanière de leur vie mondaine mobilise une bonne partie de cette énergie vacante : en

1. Il ne s'agit pas seulement des coopérantes sous contrat. Beaucoup de femmes parties en fidèles suivantes de leur seigneur et maître se trouvent sur place un travail (professeur, infirmière...) rémunéré au coût indigène de l'existence. Les religieuses locales sont notoirement spécialisées dans l'exploitation impitoyable de cette armée de réserve féminine.

fonction de leurs appartenances à des circuits différents, elles se réunissent entre elles et, dans le prolongement de leurs repas rituels respectifs, font le point, mettent à jour le feuilleton mouvementé des commérages. Elles se consacrent avec assiduité à leur aspect physique, assistées en cela par leurs esclaves indigènes favoris : la masseuse qui s'épuise sans illusion sur leur cellulite, la couturière qui leur confectionne la robe hebdomadaire, le moniteur qui leur permet de travailler leur plastique et leur tennis tout en entretenant leur bronzage. Dans le même but, elles quadrillent régulièrement le milieu des artisans, et amoncellent tissus et bijoux exotiques. L'étude n'est pas absente de ce planning vacancier. Elles apprennent avec leur cuisinier et testent auprès de leurs héroïques invités quelques recettes indigènes, certaines de produire leur effet en métropole ; et les plus favorisées par leur localisation peuvent préparer des diplômes universitaires toujours manqués auparavant, mais que les collègues de leur mari, si ce n'est lui, leur délivrent galamment, avec juste ce qu'il faut de sévérité feinte pour qu'elles imputent ces succès au seul mérite.

L'impact professionnel

Le climat d'impunité dans lequel les assistants techniques placent spontanément leur relation au travail est aussitôt renforcé chez eux par les retombées sociales et psychologiques de ces activités. Tout en ayant la satisfaction d'envisager tacitement le métier de coopérant comme inessentiel par rapport à la logique métropolitaine, ils accueillent localement avec une désinvolture ravie les formes de promotion que leur procure collectivement cette situation. Outre-mer, toute profession est vécue au-dessus de la condition qu'elle impliquerait en France. Il n'y a plus de petits métiers, et un statut professionnel dont le rendement social occidental serait médiocre (instituteur, vulgarisateur agricole...) est désormais nimbé de considération, suscite dans le milieu autochtone des réactions protocolaires en cascades. Et mieux encore que ces gratifications honorifiques, les décisions que prennent les assistants techniques dans le cadre de leur travail acquièrent un poids soudain, complètement disproportionné avec leur impact professionnel normal. Au temps de l'Empire, les carrières ultramarines assuraient déjà au personnel français expatrié une importance et une influence locales tout à fait inhabituelles pour lui, mais la portée symbolique de cette puissance restait limitée par son caractère provincial et sa dépendance des instances métropolitaines. Désormais, les coopérants ont l'extrême jouissance de voir les mêmes facilités s'exercer par rapport à un État souverain.

Le faible développement de la classe politique, l'exode des compétences, la nature particulière du pouvoir très largement conditionné par l'histoire coloniale, les dotent en effet d'une emprise effective sur les orientations de cet État, même si elle reste illusoire au niveau du pays[1]. Ils sont omniprésents, sévissent en éminences grises dans les secteurs clefs, imposent des arbitrages cruciaux. Ils font partie des commissions chargées d'élaborer le Plan, de modifier les program-

1. Doublement illusoire, puisque le pouvoir central est structurellement extérieur à la population locale et que les vrais intérêts économiques sont maîtrisés par l'impérialisme étranger.

mes scolaires, de concevoir l'animation rurale... ; on les trouve à tous les stades de l'enseignement, à la radio, dans les divers ministères, dans les hôpitaux...

Ce sentiment de puissance, renouvelant leur immunité, les amène vite à utiliser le pays assisté comme un terrain vierge où il leur est possible de se faire la main professionnellement, de mener à bien des travaux personnels, de tenter les expériences de développement fumeuses de leur cru philosophico-politique. Remarquablement agencées par le Club, ces grandes vacances polyvalentes permettent aux uns de manipuler le bistouri à discrétion, aux autres d'écrire des thèses ou des livres [1], et aux plus exaltés d'enfin lancer les révolutions pédagogiques, les réformes agraires sophistiquées ou les projets d'urbanisme futuriste qu'ils mijotaient sans espoir [2]. Leur mainmise, la facilité des voyages, la fréquence des contacts avec les responsables indigènes, l'intimité du pouvoir, les installent par ailleurs dans un rôle d'observateur sans précédent : la vie politique et ses coulisses, presque complètement dissimulées dans leur nation d'origine, sont ici entrouvertes et engagées dans leur appréhension des phénomènes locaux.

1. Tout universitaire qui se respecte tire une rente intellectuelle de son passage dans le tiers-monde, en devenant le spécialiste économique, juridique, etc. du pays où il séjourne et, par extension, des problèmes du sous-développement. Mais il peut aussi profiter de ces vacances pour rattraper son retard métropolitain et boucler ses essais en cours sur la révolution espagnole ou l'impressionnisme allemand.

2. « On s'est sans doute comportés en "missionnaires" en voulant apporter tout un acquis pédagogique qu'il n'était pas possible d'appliquer en France à cause de la sclérose de l'Education Nationale ; et là, en pensant que le terrain était vierge, nous voyions la possibilité de favoriser un courant pédagogique original. » Janine Christiany, « Architecture et pédagogie télévisuelle », *Recherches, op. cit.* p.58.

D'une telle situation, ils ne manquent pas de tirer une assurance effrontée. Dans la société française surinformée, l'information parallèle est le privilège monnayé de quelques-uns [1]; outre-mer, et pour des raisons inverses, les coopérants se retrouvent collectivement munis d'un privilège analogue. Chacun d'entre eux, par sa profession, occupe en effet une position partiellement stratégique ; et dans la mesure où n'existe pratiquement pas d'information publique, où la presse est quasiment inexistante et muselée, ils prennent l'habitude, lorsqu'ils se rencontrent, de se confier des renseignements, de les recouper avec d'autres, et de faire ensemble une synthèse de la conjoncture régionale ou nationale [2]. Durant ces réunions, les coopérants se divulguent les dernières rumeurs avec des coquetteries de conspirateurs. Les futurs limogeages gouvernementaux, les scandales économiques étouffés, les putschs en préparation, la répression en brousse, les exemples de gabegie, l'agitation lycéenne, etc. sont évoqués avec des airs entendus, appréciés à la mesure de leur imprévu et sentencieusement commentés dans une chaude complicité d'initiés. S'ouvre traditionnellement ensuite la rubrique des indiscrétions. Grisés par la proximité du Prince, même s'il est coloré, les participants à ces conciliabules s'entretiennent avec le paternalisme débonnaire qu'il sied de ces responsables nationaux qu'ils côtoient de près ou de loin. L'énumération de leurs maîtresses, de leurs comptes en banques suisses, de leurs maladies honteuses, alimentent ces revues de

1. *La Lettre de l'Expansion*, etc.
2. C'est bien le rôle que, à son niveau et à son insu, la lumpen-coopération des Volontaires du Progrès remplit pour le S.D.E.C.E.

presses sauvages où, de lecteurs frustrés comme par le passé, les coopérants deviennent les rédacteurs improvisés du sensationnel.

Révélées dans le secret, mais aussitôt répercutées dans tout le Club, ces informations panachées persuadent sans mal les assistants techniques qu'ils sont seuls à savoir, à comprendre, à détenir une approche décisive des problèmes nationaux. Forts de cette conviction délectable, ils adoptent des attitudes de détachement éclairé et amusé devant le fonctionnement folklorique d'une farce politique dont ils se targuent d'interpréter les chahuts. Sans doute cette perception plate de l'événement, sous forme de dépêches ou de potins d'alcôves, n'implique-t-elle pas une intelligibilité bouleversante des phénomènes autochtones et s'accommode-t-elle de tous les assaisonnements logomachiques. Mais pour ces politicologues blasés et avertis de la Cité indigène, la méconnaissance du pays réel n'a d'égal qu'une suffisance puisée dans la sagesse des nations développées : quels que soient les présupposés idéologiques qu'ils engagent dans leurs analyses, ils se rejoignent dans une même outrecuidance pour envisager la scène historique où ils transitent, pratiquer le jugement sommaire et l'extrapolation à vue, pérorer sur le devenir du tiers-monde. «Je n'ai pas rencontré en trois mois dix Européens vivant depuis quelques semaines ou quelques dizaines d'années dans ce pays et montrant quelque curiosité, sinon malsaine, à l'endroit des autochtones. En revanche, tous ceux que j'ai rencontrés, sans exception, avaient des vues mirobolantes et détaillées sur l'âme africaine, le destin de l'Afrique [1].»

1. Jean Chatenet, *op. cit.*, p. 157.

Cette mégalomanie quotidienne a pour invariable contrepoint l'éreintement des reportages métropolitains sur la situation locale, lesquels, par définition, sont toujours rédigés au bar du Hilton entre deux avions[1], ou la critique goguenarde des services officiels français (Ambassade, Consulat, Mission d'Aide) taxés de sous- information et d'incapacité. Il n'est qu'une circonstance où les assistants techniques fassent chorus avec ces représentants méprisés de la métropole : la défense jalouse de leur chasse gardée exotique commune[2]. Ils témoignent alors d'une belle intransigeance patriotique, et pour prévenir un éventuel Fachoda coopérant, vilipendent farouchement les influences étrangères qui menacent de s'exercer sur place.

Le vedettariat

Dans les formes de compétitions extraprofessionnelles qui animent leur passage au Club, les assistants techniques se comportent avec la même aisance, évoluant toujours au-dessus de leurs moyens réels. Outre le pouvoir de leur statut social, ils se trouvent opposés à des standards de réussite qui, dans le tiers-monde, sont sensiblement abaissés. Dans de nombreux domaines, ils ont toute facilité

1. C'est effectivement dans ces bars que les coopérants viennent courtiser les journalistes français de passage et proposer humblement leurs services, ou une prose qu'ils rêvent de voir paraître dans les gazettes métropolitaines.
2. « On assiste toujours à l'irritation des diplomates français devant la coopération fournie par d'autres États, comme si cette incursion représentait une incursion dans une chasse gardée », G. Faysse, *Le Monde*, 24 novembre 1972.

pour remporter des succès inattendus, pour voir enfin réalisées les espérances variées de promotion et de vedettariat qui n'alimentaient que leurs utopies privées.

À l'intérieur des villages de vacances, quelques notions rudimentaires de cinéma, de musique, de peinture, de littérature, sont suffisantes pour devenir mondainement compétitif. Autour de ces divers petits talents de société, les assistants techniques se distribuent des rôles de spécialistes et, la fonction sociale tropicale de l'alcool aidant, ils s'appliquent, sans crainte d'être démentis, à surévaluer la réputation et la considération que leur procurait cette érudition en France. Ces personnages culturellement définis et catalogués sont assurés, tout le temps de leur séjour, de pouvoir perfectionner une prestation oratoire qu'ils refont inlassablement devant les mêmes audiences affalées dans les différents coins-salon littéraires de leur parcours social.

Pour les amateurs de jeux ou de sports, la progression dans les hiérarchies locales est aussi inespérée et foudroyante et entraîne les mêmes tentatives de surestimation de leur niveau métropolitain. Terrestres ou maritimes, les tableaux de chasse relèvent du massacre, de la pêche miraculeuse et du comportement compensatoire. Avec un mince bagage de bridgeur, de joueur d'échec, de tennisman, de barreur, qui, auparavant, faisait d'eux des partenaires modestes et était sanctionné par des résultats faibles, ils parviennent maintenant à rivaliser avec les plus chevronnés et se posent dans des attitudes, des caprices, des humeurs de grande vedette. «Roger, qui avait un peu joué en France et écouté quelques conseils, fut tout étonné de se voir promu champion. Alors qu'il n'avait jamais pu réaliser une performance, il fut d'autorité nanti d'un classement fantôme important auquel, même dans ses rêves les plus optimistes, il n'aurait jamais songé à prétendre. Cette notoriété supplémentaire confirma à Roger Bouly que l'Afrique était vraiment un pays rêvé[1]. »

La sexpatriation

Cette concrétisation tropicale des utopies métropolitaines se traduit enfin par les débordements guillerets d'une sexualité coopérante qui est soudain en mesure de fonctionner à la hauteur ou à la profondeur de ses phantasmes. Car dans ce tiers-monde promotionnel, les données quotidiennes de la pratique érotique se transforment à leur tour suivant le principe d'une minimalisation des coûts et d'une maximalisation des profits, répondant ainsi entièrement aux promesses de défoulement estival et de dévergondage exotique que contiennent implicitement les escapades touristiques lointaines. Quelles que soient leurs inclinations, les assistants techniques sont désormais confrontés à des modes de compétition hétéro ou homosexuelle considérablement facilités. Et pour la plupart d'entre eux, surtout parmi les mâles, ces grandes vacances outre-mer sont essentiellement l'occasion de découvrir ou de raffiner les plaisirs de la sexpatriation organisée.

Au sein de la société coopérante, la compétition hétérosexuelle est faiblement développée. Les fem-

1.Henri Crouzat, *op. cit*, p. 367.

mes y sont minoritaires, mariées dans l'ensemble[1], et peu disponibles affectivement ou sexuellement. De plus, le Club est contraint de travailler son image familiale aussi bien pour des raisons budgétaires[2] que pour se désolidariser des mœurs internes réputées dissolues des milieux européens post-coloniaux. Un rigoureux conformisme des convenances inhibe donc les relations entre assistants techniques et oblige les partenaires d'une aventure amoureuse illicite à une dissimulation difficile où à subir le passif social de leur conduite. Pour être tolérées, ces rencontres doivent déborder le cadre de la simple liaison et déboucher sur des ruptures et sur des unions irréversibles; ces événements exceptionnels peuvent alors être assimilés par la communauté coopérante, au nom de l'inéluctable des mécanismes passionnels. Ne procédant plus de l'exercice d'une liberté intempestive, mais appartenant au monde de la nécessité, ils échappent à la sanction du groupe. Encore de tels dénouements sont-ils rares, car tous ces amours de vacances ont pour horizon le retour en métropole et la redécouverte d'enracinement sociaux hétérogènes.

Mais la cause principale de cette faiblesse est ailleurs: elle est liée aux formes d'interaction spécifiques qui, sur le plan érotique, mêlent les assistants techniques au milieu indigène. Dans toute compétition sexuelle, il y a une inégalité des chances déterminée par une distribution non équivalente des

1. Cf. annexes, tableaux 7 et 8.
2. Un couple de coopérants revient moins cher à l'administration du Club : il n'utilise qu'un logement, et le salaire de l'épouse est amputé d'un bon quart.

attraits physiques dont chaque société définit les canons (les rejets pouvant s'effectuer sur la base de critères singuliers : la déplaisance individuelle, ou généraux: la répulsion raciale). Sans doute ces inégalités n'existent-elles qu'à partir de la réinterprétation sociale qui les normalise: il n'empêche qu'elles privilégient des phénomènes qui doivent plus à la nature qu'à la culture, et qui, à ce titre, sont ressentis comme irrémédiables [1].

Or dans le tiers-monde, ces standards d'approbation physique sont institutionnalisés de telle façon qu'ils déplacent spontanément la recherche hétérosexuelle à l'extérieur du territoire des échanges sociaux coopérants.

Les assistants techniques français héritent en effet ici d'une situation remarquable, provoquée par le processus colonial et perpétuée par le vagabondage touristique. Fondamentalement, l'entreprise colonisatrice s'analyse comme une agression masculine (armée, explorateurs, missionnaires, administrateurs, concessionnaires...), donc comme un envahissement engendrant une demande sexuelle unilatérale. L'offre féminine locale se déploie en retour: prostitution urbaine, quasi droit de cuissage

1. Le finalisme politique immanent à toute entreprise sociologique conduit à ne tenir pour légitimes que les inégalités d'origine sociale, c'est-à-dire produites par une histoire et donc remédiables. « La recherche sociologique se doit de suspecter et de déceler méthodiquement l'inégalité culturelle socialement conditionnée sous les inégalités naturelles apparentes, puisqu'elle ne doit conclure à la "nature" qu'en désespoir de cause », P. Bourdieu et J.-C. Passeron, *Les Héritiers*, p. 103. Mais cette traduction culturelle des inégalités d'ordre physique permet seulement de poser comme historiques des phénomènes qui ne peuvent qu'exceptionnellement être vécus comme tels (cf. note 2, p. 94).

rural, disponibilité amoureuse des femmes d'une bourgeoisie à la fois en voie de constitution et d'occidentalisation, et l'homme blanc est recherché parce qu'il est le maître et que toute possibilité d'alliance avec lui est stratégiquement intéressante, mais également parce qu'il favorise, indirectement, des tentatives personnelles d'émancipation sociale. Aussi l'idéologie impérialiste développe-t-elle très vite une vision dichotomique du monde indigène. L'homme, vaincu et borné dans son particularisme, y est porteur de tous les stéréotypes raciaux : paresse, malhonnêteté, cruauté, apparence sournoise, simiesque, tandis que la femme, tout en subissant partiellement une dévaluation raciale analogue qui fait d'elle cet animal exotique mi-sauvage, mi-domestiqué, tour à tour guenon, chienne, panthère, ou chatte siamoise [1], échappe cependant largement à ces déterminismes négatifs. Par sa sensualité, sa grâce, sa gentillesse, elle participe au mythe européen de l'universel féminin, et le relâchement local des censures sociales permet d'en faire la partenaire docile de fantaisies sexuelles réprimées en métropole. Cette projection dualiste sera constamment attestée dans la littérature coloniale : seule la femme exotique peut y accéder au statut d'héroïne à part entière, même si elle est souvent sacrifiée au dernier chapitre dans un ultime sursaut de la bienséance blanche, et l'homme y demeure définitivement enfermé dans sa barbarie [2].

1. Voir Martine Astier-Loufti, *Littérature et Colonialisme*, p. 60, ou Ada Martinkus-Zemp, *Le Blanc et le Noir*, chap. 8.
2. C'est aussi le cas dans toute la littérature post-coloniale contemporaine, de Jean Bruce à Gérard de Villiers.

La venue d'une population féminine européenne, confinée au départ dans des rôles d'intendance et protégée du contact des espèces locales, est sans incidence sur cette idéologie, la société coloniale continuant de fonctionner sur les mêmes représentations. La femme indigène reste socialement désirable alors que l'homme est déprécié physiquement et exclu d'une compétition hétérosexuelle mixte. Pour la femme blanche, rivale d'une créature lubrique qu'elle perçoit ombrageusement et tente de neutraliser sous l'angle de son infantilisme, l'éventualité d'une relation avec un homme de couleur est repoussée à la fois par dégoût et parce qu'elle la placerait dans une situation sociale intenable. Aussi de tels écarts ne sont-ils vécus que sur le mode de la transgression et du dépit, et cette déchéance est immédiatement rationalisée par le groupe colonial en termes de dérèglement psychophysiologique, de nymphomanie, de coup de bambou des tropiques[1]...

Cette distorsion dans l'appréhension de leur milieu humain est peu à peu intériorisée par les indigènes[2], d'autant que les formes d'imposition ou de discrimination qu'ils supportent sont inégales selon leur sexe. Plus les femmes sont acculturées, plus elles saisissent leurs frères colonisés à travers les schèmes impérialistes, ceci pouvant aller jusqu'au refus du rapport sexuel ou du mariage au nom de préjugés

1. Telle est la façon dont est sanctionné le comportement de Laurence Avit dans *L'État sauvage* de Georges Conchon, ou celui de Liz Frankel, dans *Roulette cambodgienne* de Gérard de Villiers.
2. Voir Albert Memmi, *Portrait du colonisé*, p. 156.

raciaux qu'elles reprennent à leur compte[1] et qui déclenchent chez elles une véritable obsession de la blancheur aussi bien sur le plan de ses corollaires esthétiques (habits, cheveux, maquillage) que sur celui d'une reproduction qu'elles cherchent à métisser. Réciproquement, les hommes sont contraints, pour répondre à ce défi, d'utiliser des modèles culturels d'identification dans les relations qu'ils établissent parmi les femmes de leur ethnie. Avec ces dernières, ils parlent le langage du colonisateur, adoptent son style vestimentaire, sortent dans les mêmes lieux, mais sont alors victimes des railleries auxquelles le discours dominant a depuis longtemps voué ces tentatives d'assimilation. Aussi manquent-ils *a fortiori* d'assurance et d'audace par rapport à la femme blanche et scotomisent-ils leur désir pour elle[2].

L'institutionnalisation coloniale des standards d'approbation physique entraîne une asymétrie complète des rapports entre groupes sexuels qui, traduite en langue sociométrique, peut se lire ainsi :

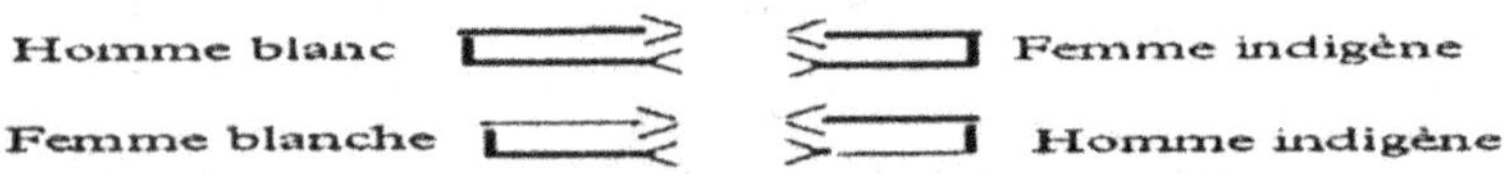

1. Bien inculqués, ces préjugés garantissent que si l'Asiatique est efféminé, le Noir bestial, l'Arabe vicieux, le Français, lui, fait bien l'amour.

2. On peut observer à travers certaines circonstances historiques de décolonisation intégrale (Asie du Sud-Est, Madagascar) le souci des hommes indigènes de se réapproprier collectivement les femmes. Mais ces tentatives, essentiellement caractérisées par l'abolition punitive des symboles de la sexpatriation occidentale (mini-jupe, prostitution...), et qui font de la soumission sexuelle une preuve de nationalisme, n'échappent pas par ailleurs aux ambiguïtés d'un retour partiel à la tradition.

Au niveau des unions mixtes réalisées, cette asymétrie se manifeste de façon très nette : pour l'Européen, toutes les femmes indigènes sont éligibles, et il peut choisir les plus convoitées physiquement ou socialement, pour le colonisé, la seule femme blanche accessible est celle qui demeure délaissée dans sa propre société. C'est bien ce que constate avec candeur Bengono Ewondo, lorsqu'il affirme : « Il semble que les blancs préfèrent les Africaines belles et de bonne famille, tandis que les noirs prennent des Européennes d'une beauté moyenne dans la majorité des cas [1]. »

Cet héritage, précieusement recueilli par l'industrie occidentale des loisirs pour pimenter ses *tours*, les membres du Club Coopération le dissipent comme les autres touristes. Ainsi s'explique essentiellement que la compétition hétérosexuelle déborde le cadre interne des villages de vacances. Les normes d'appréciation physique et les inégalités qu'elles avalisent entre groupes sexuels restant identiques, leur situation permet aux assistants techniques d'intégrer la femme exotique comme partenaire privilégiée sans avoir à redouter, de la part de l'homme indigène, une conduite réciproque globale vis-à-vis des femmes coopérantes. Si bien que parmi les assistants techniques, ces données nouvelles reproduisent en l'inversant le déséquilibre instauré dans la société autochtone. En dehors même des risques que font peser les contrôles so-

1. *La Blanche et le Noir africain*, p. 79. Encore ces unions mixtes entre Européennes et indigènes sont-elles dans leur immense majorité contractées dans le contexte plus tolérant de la métropole.

ciaux du Club, ils considèrent le groupe féminin de leur communauté comme peu compétitif par rapport à son homologue indigène. Les femmes coopérantes sont moins attirantes que leurs rivales. Elles sont désavantagées par leur infériorité numérique absolue, par leur appartenance à des classes d'âge plus élevées, par la concurrence de l'exotisme. Physiquement, et sans parler des bataillons de vieilles filles hargneuses qui hantent le Club dans l'espoir d'une bonne aubaine, elles ne correspondent que de très loin au stéréotype international pimpant de la petite Française[1] : pour une femme socialement perçue comme belle, il est sans doute difficile d'accepter cette longue désertion du marché érotique occidental ; et par ailleurs, en dépit du bronzage, des bonnes résolutions sportives et des fanfreluches exotiques, l'oisiveté ou la frustration sexuelle déterminent localement chez elles une manière d'enlaidissement : « Elle sombre peu à peu dans le farniente, engraisse, se voue à la sieste et à la chaise longue[2] », « Line avait toujours cet air grincheux dont Juvenal m'avait assuré qu'il était une spécialité des Européennes d'exportation[3] »... Enfin, même si elles constituent une conquête sociale, elles sont dépossédées, dans le cadre du Club, de la plupart des signes explicites permettant d'en jouer : c'est pourquoi certains assistants techniques s'efforcent de fréquenter

1. Mais le mythe est si tenace que ces femmes retrouvent instantanément auprès des étrangers occidentaux braconnant dans les chasses gardées coopérantes le crédit de séduction qu'elles n'ont plus avec leurs compatriotes.
2. Robert Randau, *Les Explorateurs*, p. 153.
3. Jean Chatenet, *op. cit.*, p. 213.

les milieux post-coloniaux, se plaçant ainsi en réserve de la société coopérante.

Mais surtout, ces femmes perpétuent outre-mer leur système de référence. Elles continuent d'envisager leurs compatriotes masculins à partir de la gamme de critères physiques, intellectuels, d'âge, qui président aux choix affectifs et sexuels en métropole. Or pour les assistants techniques, les normes de séduction basculent aussi soudainement que les autres standards de réussite : vis-à-vis du groupe féminin indigène, ils jouissent d'emblée d'un prestige inconditionnel et d'une grande aisance dans la conquête amoureuse. Dans cette compétition hétérosexuelle d'un nouveau type, les références physiques ou d'âge perdent leur rôle prépondérant, les coopérants participant avant tout de la mythologie de l'homme blanc et de l'indifférenciation généralisée qui en résulte. Par leur statut social et par leurs ressources économiques, ils forment évidemment les intermédiaires recherchés d'un mode de consommation occidental ; mais la faveur globale dont ils font l'objet est souvent liée à la conception européenne de l'amour qu'ils véhiculent et à son corollaire de vulnérabilité affective dans des pays où l'institutionnalisation des sentiments est bien différente. Quels que soient les modèles qu'ils engagent dans leurs relations avec les femmes indigènes, ils sont perçus par elles comme porteurs d'une pratique du couple libératrice par rapport à l'organisation familiale traditionnelle.

Tous les coopérants disposent donc d'atouts identiques, considérables et insoupçonnés face à une offre illimitée en lycéennes, étudiantes, entraîneuses, domestiques, fonctionnaires... Et si certains, par convenance personnelle ou répugnance raciale, s'abstiennent de prendre part à cette compétition [1], si d'autres n'en sont que des challengers épisodiques, ceux qui s'y engagent à corps éperdu voient dans beaucoup de cas leur rapport à la sexualité se modifier de manière flatteuse. Leur prestige et leur position, rapidement intériorisés, leur confèrent une assurance inédite qui, à l'instar des gentils organisateurs, se transforme généralement en totale muflerie. Profitant sans vergogne des impulsions érotiques locales, ils connaissent durant cette sexpatriation un dépassement permanent de leurs possibilités métropolitaines jusque dans les zones les plus retranchées du désir. Toutes les transgressions deviennent réalisables, et comme le note par exemple Barthes des pratiques sadiennes, « si elles nous paraissent aujourd'hui tout à fait improbables, il suffit cependant de voyager dans un pays sous-développé pour comprendre qu'elles y sont immédiatement opérables : même coupure sociale, mêmes facilités de recrutement, mêmes disponibilités des sujets, mêmes conditions de retraite, et pour ainsi dire, même impunité [2] ».

Ce dépassement se réalise communément à travers une amélioration notable du niveau courant des performances. Dans le tiers-monde des coopérants

1. Une pensée compatissante ici pour Michel Leiris, qui, après deux ans de chasteté volontaire en Afrique, confie soudain son sentiment sur la femme noire, dans la grande tradition de la métaphore animale : « Autant faire l'amour avec des vaches, certaines ont un si beau pelage », *L'Afrique fantôme*, p. 509.
2. *Sade, Fourier, Loyola*, p. 135.

célibataires s'éveillent toutes sortes de donjuanismes, sont collectionnées les expériences les plus insolites, aménagés de petits harems privés, conduites des idylles hypergamiques avec les femmes de l'élite physique ou sociale autochtone, autant de consécrations qui auparavant n'excédaient guère le stade des productions oniriques secondaires. À une partie d'entre eux, ces facilités inhabituelles donnent même le moyen de surmonter brillamment des handicaps physiques, des blocages affectifs ou psychologiques. Au cours d'une initiation sexuelle exotique parfois dramatisée [1], ces assistants techniques surprennent chez leur compagne indigène d'autres critères d'appréciation et des exigences plus modestes quant à leur prestation. Cette double découverte constitue fréquemment pour eux l'introduction décisive à une ressaisie du corps comme être sexué, et à une participation ultérieure sans réserve à la compétition amoureuse locale. De ces promotions érotiques variées et de ces sexothérapies tropicales, les nombreux mariages mixtes effectués dans le sens coopérant-femme indigène sont d'ailleurs bien souvent l'expression. Ils permettent ainsi de régler de façon définitive une ambition ou un problème insoluble dans le cadre de la compétition matrimoniale occidentale [2].

Cette sexpatriation n'épargne pas une vie familiale pourtant couvée par le Club, mais favorise pa-

1. On trouve des exemples de cette dramatisation chez Georges Conchon, *op. cit.*, p. 163, Georges Simenon, *Le Coup de lune*, p. 171, Louis-Charles Royer, *La Maîtresse noire*, p. 211, etc.
2. Dans ces safaris matrimoniaux, le gibier de choix (mais souvent précaire) est la fille de ministre.

reillement la violation des codes et interdits conjugaux normalement respectés. Si l'image de la fiancée restée en France, idéalisée par l'éloignement et les lenteurs du courrier, crée une censure quelquefois sévère, il n'en est pas de même après. C'est généralement une fois marié et revenu avec son épouse dans son village de vacances que l'assistant technique commet paradoxalement ses premières infidélités [1]. Car pour ces aventuriers congestionnés des temps modernes, la passade exotique est une coutume sans conséquence, et malgré beaucoup d'atermoiements et de tortueux cas de conscience, presque tous finissent par y sacrifier. Dans cette atmosphère d'émulation sexuelle, où le petit incident d'ordre vénérien, loin d'être caché honteusement, est un rite d'initiation dont on s'entretient complaisamment entre coopérants mâles, la solidarité estivale des hommes mariés et la discrétion désillusionnée des partenaires indigènes débarrassent ces douces liaisons du caractère malsain ou hasardeux de l'adultère métropolitain.

Ces dépassements de toutes sortes ne signifient cependant pas que les coopérants inventent une nouvelle économie libidinale. Le principe de réalité demeure le même, fondé sur un amalgame de lois morales et de normes pseudo-scientifiques, le mal le disputant à l'anormal dans le maintien de l'ordre sexuel [2] ; et à l'intérieur de la société coopérante, les

1. Ce phénomène, qui confirme le faible statut de la femme blanche dans la compétition hétérosexuelle locale, est partiellement décrit dans la nouvelle de Jean Hougron, *Le Retour.*

2. Voir Tony Duvert, *Le Bon Sexe illustré,* ou Dominique Wolton, *Le Nouvel Ordre sexuel.*

retombées de cette compétition décentrée sont passibles des mécanismes répressifs traditionnels. Ce sont seulement des règles du jeu et les modes de transgression qui se trouvent extrêmement facilités dans le champ clos des relations avec un groupe féminin autochtone assujetti aux caprices occidentaux par l'exploitation sexuelle du tiers-monde. Mais certains fanatiques du Club, confondant allègrement révolution sexuelle et aliénation coloniale, attribuent le succès et l'étendue de leurs fredaines à la permissivité érotique spontanée d'un monde indigène épargné par la morale occidentale, et ils se persuadent que grâce à leur sexpatriation, ils sont en train de mettre à mal leur fameux héritage judéo-chrétien, de liquider leurs derniers tabous culturels, de renouer avec une pratique libérée et archaïque du corps.

Dans ce processus solennel d'évacuation du sentiment de culpabilité, les prostituées locales possèdent une fonction purgative éminente, et leur fréquentation assidue est investie par ces assistants techniques de toute une mythologie séraphique. Comme celles-ci sont fort jeunes et qu'elles compensent les obstacles linguistiques par une surenchère d'excitation, ils les jugent gaies et ingénues ; comme d'autre part leur commerce n'est ni industrialisé, ni chronométré, et que leurs tarifs très modiques sont délicatement évoqués *après* plutôt qu'impérativement exigés *avant*, ils les estiment dépourvues de vénalité. Il n'en faut pas davantage pour que les relations sexuelles établies avec elles soient lyriquement interprétées en termes de pureté et d'innocence retrouvées. Et elles n'ont pas besoin de se surpasser pour amener ces émules coopérants du

Mario d'*Emmanuelle* à pontifier fébrilement sur leur « mode d'insertion érotique dans le champ intensif local[1] », ou sur un soulèvement primitif de leur libido qu'ils s'offrent à peu de frais à travers l'accomplissement de perversions plus ou moins raffinées, la consommation boulimique de mineures, la multiplication des partenaires dans l'espace et autres gâteries exotiques pour touristes du troisième âge.

Dans les cas les plus immodérés, il arrive que ces expériences sexuelles débridées soient l'occasion de bouleversantes révélations, comme le suggèrent ces confidences post-coïtales d'un assistant technique, recueillies par Jean Chatenet : « Entrer en elle était comme y naître et y vivre, je ne pouvais m'y refuser sans renier cette passion de la vie que je porte au fond du cœur et des reins, que je libérais en m'abandonnant et qui balayait tout le reste... Venu de l'Occident stérilisé, je retrouvais la puissance d'un désir auquel je ne croyais plus, une joie décuplée par la souveraine évidence de la fécondité du corps profond où je me perdais, etc.[2] » Vécus comme une communion avec la nature, comme une renaissance primordiale des sens, comme une transformation de la sexualité en éros, ces échanges fervents débouchent fréquemment sur une valorisation de l'amour exotique qui, dans un renversement triomphant des insuffisances métropolitaines, disqualifie du même coup la femme européenne en tant que partenaire inférieure ou indésirable. « Comment peut-on jouir avec une femme blanche ? Endives[3] », « je n'avais plus

1. François Fourquet, « Intensité africaines », *Recherches*, *op. cit.*, p.13.
2. *Op. cit.*, p. 108.
3. Jack Thieuloy, *L'Inde des grands chemins*, p. 331.

que répulsion pour ces chairs de navet[1] ». Le tiers-monde abrite ainsi quelques coopérants mutants qui, glissant de la métaphore animale à la métaphore potagère, et pratiquant le racisme à rebours, rationalisent en termes de choix épidermique et ontologique leur insuccès auprès de la femme blanche et optent pour une sexpatriation à vie dans les réserves érotiques de l'Occident.

Si toutes les femmes coopérantes ne sont pas victimes de tels bannissements, elles vivent néanmoins, sous le rapport de la sexualité, leurs grandes vacances comme une frustration collective. Frustration attestée par la régularité de syndromes dépressifs qui sont benoîtement attribués par les hommes au climat, au dépaysement, et qui font les beaux jours d'un coopérant neuropsychiatre rapidement promu gourou mondain du Club. Car les femmes mariées ne se satisfont plus entièrement des contreparties de l'existence outre-mer, comme leurs devancières européennes. Certaines, s'efforçant de ne voir dans la petite indigène que la mousso ou la congaïe inoffensive des récits coloniaux, ferment les yeux avec indulgence; d'autres prétendent même s'associer aux expériences tropicales de leurs conjoints en jouant les surnuméraires, ou tirer indirectement de ces frasques quelques précieux émois intimes, et pas seulement ceux qui relèvent de la prophylaxie. Mais pour la plupart, la femme autochtone est perçue dorénavant comme une concurrente redoutable: le statut de choix que lui confère de plus en plus l'exotisme dans les représentations occidentales, son accultura-

1.Jean-Pierre Morin, *La Traversée*, p. 37.

tion, sa maîtrise des modèles de séduction européens, en font une rivale qu'il n'est plus possible de désamorcer totalement à partir de l'insignifiance de ses relations avec les hommes blancs[1]. À contre-courant de l'évolution contemporaine du couple, cette situation exacerbe le schéma traditionnel des rapports conjugaux et contraint les épouses à se retrancher dans des rôles défensifs périmés. D'où un ressentiment tenace pour leurs adversaires colorées qu'elles manifestent par des jugements passionnels[2].

Cette amertume quotidienne entraîne parfois dans certaines cases une détérioration stridente du climat matrimonial et peut précipiter des ruptures affectives que les conditions idéologiques et économiques de la vie au Club interdisent la plupart du temps d'officialiser en séparation tangible. Étant donné par ailleurs la faible probabilité d'une liaison à l'intérieur de la communauté coopérante, ces femmes se contentent généralement de sublimer leur insatisfaction en accueillant avec minauderies les hommages galants des quelques étrangers occidentaux du lieu, ou en entretenant l'amour courtois de jeunes assistants techniques qui, cherchant auprès

1. Il faut voir dans cette habitude qu'ont les coopérants de considérer leurs étudiantes indigènes comme plus « évoluées » ou intelligentes que leurs condisciples masculins une retombée directe de la compétition sexuelle et du système de domination inéquivalent imposé par la colonisation.

2. Désireuse de montrer qu'elles ne sont pas racistes, et prouvant ainsi à quel point elles le sont, ces femmes font des descriptions hyperboliques des charmes de leur rivale et pour mieux les en décourager, poussent leurs conjoints à les fréquenter. Ou alors, perdant toute pudeur, elles se laissent aller à la dépréciation raciale banale : évocation des odeurs, des maladies endémiques, persiflage sur la niaiserie....

d'elle un substrat familial et une image idéale de la femme blanche, leur servent de confidents et les entourent d'un sentiment ambigu mais respectueux[1]. L'exceptionnelle aventure avec un autochtone est conduite comme un comportement de fuite, de bravade, de représailles. C'est alors l'heure des indigènes de service des parties coopérantes, suffisamment domestiqués et assimilés pour être acceptables comme partenaires d'un soir, et qui se chargent consciencieusement d'apporter un réconfort exotique aux femmes mariées de l'assistance technique.

Quant aux coopérantes célibataires, si elles n'ont pas de territoire conjugal à sauvegarder, elles n'en souffrent pas moins de la rivalité inégale avec les indigènes, du désintérêt des hommes à leur égard, et de la prescription des relations entre groupes sexuels. Alors qu'en France, l'accès à l'homme de couleur leur était toléré, elles encourent maintenant la réprobation collective. Les plus audacieuses tentent d'outrepasser cette interdiction tacite et de vivre comme leurs confrères masculins. Elles y trouvent les mêmes avantages qu'elles intellectualisent pareillement en magnifiant les capacités érotiques de leurs amants autochtones. Mais au niveau de la société coopérante, ces militantes de la sexpatriation féminine, desservies par le caractère inévitablement provocateur de leurs attitudes, continuent à être sanctionnées à partir des éternels poncifs coloniaux : nymphomanie, etc. Elles font souvent l'objet de réactions sournoises de rejet, et suscitent dans tous

1. Sublimation déjà vécue par la femme coloniale, « qui n'estime que les hommes amoureux d'elle sans espoir », Robert Randau, *op. cit.*, p. 153.

les cas la commisération générale. Aussi les mariages mixtes qui viennent parfois régulariser ces liaisons procèdent-ils chez elles d'une farouche volonté compensatrice d'ascension sociale, d'une ambition encore plus calculée que celle des hommes : « Elle se voyait très bien jouant le rôle d'égérie d'une politique fracassante et recevant dans un palais des ministres ou des ambassadeurs qui viendraient de tous les pays. Elle saurait alors donner de fastueuses réceptions... se tailler un empire qu'elle n'aurait certainement pas pu s'offrir dans la métropole [1]. »

Dans l'ombre de l'hétérosexuelle, la compétition homosexuelle suit des voies promotionnelles analogues. Elle n'évolue donc pas dans le sens d'une plus grande tolérance : elle demeure minoritaire, brocardée au sein du Club, et se développe clandestinement ou discrètement par rapport au milieu indigène. Mais dans ce cadre protégé, elle repose sur des facilités quotidiennes d'investigation semblables et se déroule selon les mêmes mécanismes de dépressurisation érotique. Outre-mer, les impubères mâles sont aussi accommodants que les femelles, les critères de séduction pédérastiques aussi souples que les premiers, les performances toujours en nette amélioration. Et ce dépassement permanent des possibilités passées, tout en provoquant au passage quelques conversions et en permettant à certains de s'assumer définitivement dans leur particularisme, entraîne les élucubrations tropicales courantes : surestimation du partenaire, perte du sentiment de culpabilité, découverte fulgurante de la mère nature, de

1. Guy des Cars, *Sang d'Afrique*, p. 132-138.

l'innocence des commencements et du sexe des anges[1].

À l'intérieur de cette compétition voilée, où les standards d'approbation physique entre sexes opposés ne jouent plus, les coopérantes retrouvent théoriquement une égalité de chances avec leurs compagnons masculins et elles en tirent parfois avantage, ne serait-ce que pour compenser leur infortune hétérosexuelle et prendre à contre-pied leurs conjoints sur le terrain local des infidélités. Mais elles ne bénéficient ni d'infrastructures établies, ni d'une offre organisée. Suivant les séculaires habitudes d'un impérialisme attentif au juste repos de ses guerriers, c'est encore une fois pour les hommes qu'a été conçue et ordonnée cette homosexualité exotique. Celle-ci est donc surtout attestée dans les contextes culturels qui rendent la femme indigène difficilement accessible (pays musulmans, etc.), où les coopérants peuvent profiter d'habitudes substitutives instaurées par l'administration coloniale et exaltée par les sémillants intellectuels de la sexpatriation pédérastique.

1. Voir Tony Duvert, *Journal d'un innocent*, p. 123.

Chapitre II

La désunion implicite

« Le compromis démocratique ne supprime pas la lutte des classes, mais au contraire l'exprime. »

Henri LEFEBVRE, *Le Marxisme.*

« Le service militaire unificateur qui nourrit depuis sa création le mythe du brassage des masses est en fait, pour chaque Français, le moment privilégié où se fixera le sentiment d'appartenance à une classe sociale, où s'opérera le cloisonnement définitif. »

Daniel PENNAC, *Le service militaire au service de qui ?.*

On pourrait croire que le Club Coopération contribue largement à la démocratisation du grand tourisme en proposant une formule de voyage organisé qui n'implique aucun frais et autorise même la réalisation de substantiels profits. Mais malgré des conditions aussi intéressantes, ces vacances dans le tiers-monde se révèlent en fait extrêmement sélectives. Tout en étant formellement ouvert à tous, l'accès aux villages engendre des démarches sociales et des mécanismes de concurrence qui, au niveau de l'embauche, jouent sur la perpétuation d'une triple injustice dans la société française.

Le recrutement est infléchi de manière exemplaire par l'inégalité sociale devant la conscription : parmi les quelques 10 000 privilégiés qui annuellement, évitent le régiment en partant coopérer, la grande bourgeoisie place prioritairement et autant que possible dans les sites les plus agréables sa progéniture. Traditionnellement l'accomplissement du service militaire était pourtant considéré comme une école de dressage, de contacts humains, de commandement, indispensable à l'avenir de classe de ces jeunes gens bien nés. Mais les grands principes bourgeois ont évolué sur ce plan. Le passage dans une armée devenue casanière est destitué de ses vertus formatrices et avantageusement remplacé par cette belle virée outre-mer qui, tout en conservant un caractère aguerrissant conféré par les vieux mythes de la colonie, a le mérite de libérer la famille de ses charges financières vis-à-vis de l'appelé. En outre, le service militaire se traduit par un temps de vie active perdu dont il est désormais préférable de faire économie dans la compétition sociale moderne. Or l'assistance technique permet d'acquérir une expérience professionnelle qui, même si elle n'est pas très sérieuse et sans prolongements directs, donne néanmoins une petite avance sur les contemporains encasernés. Bien souvent, ces héritiers sont d'ailleurs affectés de telle façon qu'ils puissent se roder à leurs futures fonctions, ou se voient tout bonnement destinés à s'occuper localement des intérêts paternels d'ordre commercial, pétrolier, textiles..., qui seront bientôt les leurs.

Le complément général de cette conscription à la carte est la flagrante inéquivalence sociale du piston : sans doute le principe de la recommandation fait-il normalement partie des relais souterrains qui aident à préserver les monopoles de situations dans la société bourgeoise, mais de toutes les administrations françaises, la Coopération est la seule où le piston soit institué ouvertement et sans vergogne, en tant que soutien attendu de la candidature. Comme pour pénétrer d'autres clubs de loisir, un parrainage garantissant l'honorabilité mondaine des postulants est absolument nécessaire. Ce qui confirme la superbe désinvolture avec laquelle est envisagé en métropole le métier de coopérant et soumet l'attribution de ces sinécures exotiques à un arbitraire et à des pratiques de surbooking qui favorisent encore une fois les classes dominantes, en mesure d'utiliser leurs fidèles accointances dans les hautes sphères administratives, politiques, voire cléricales. Et s'il est quasiment impossible de partir sans appui, sinon en pleine brousse ou dans les villages de vacances situés à la périphérie touristique de l'Occident [1], une seule recommandation est relativement précaire et d'une portée limitée. Autour des postes les plus convoités se déroulent des joutes secrètes entre dossiers et ce sont l'accumulation, la diversité et la surenchère des interventions qui finissent par imposer un candidat au détriment de rivaux qui vont immédiatement s'intégrer à une compétition prévue de remplacement.

Cette double distorsion du recrutement ne vient elle-même qu'affiner une première sélection décisive fondée sur la qualification des postulants. Car autant le niveau concret des compétences n'est d'aucune importance, autant une image d'exportation clinquante de diplômes est essentielle pour glorifier la mission planétaire de la France et répondre aux accusations réitérées de coopération au rabais qui viennent des pays assistés [2]. À travers le recrutement

1. C'est le cas par exemple de l'Algérie, que les conditions touristiques de séjour ou les complications financières locales, transforment en dépotoir de l'immigration coopérante non parrainée.

2. Les échantillons étudiés par D. Harari donnent une idée du niveau de

du Club s'expriment donc fondamentalement les inégalités sociales devant la culture pérennisées par l'institution scolaire, avec leurs conséquences bien connues : développement manifestement commun mais en réalité séparé des groupes sociaux, transmission des patrimoines culturels et reproduction des positions de classe, maintien général des disparités [1].

Constituée à partir de ce système d'embauche tronqué, la société coopérante offre de la stratification sociale métropolitaine un échantillon infidèle. Les formations dominantes y sont surreprésentées, les formations dominées totalement atrophiées, et les formations dites moyennes en bonne progression, qui savent profiter des retombées de la collaboration de classes aussi bien au niveau des débouchés professionnels que leur concède l'école capitaliste, qu'en jouant des pressions sur les notables, groupes confessionnels, et élus locaux, ou en exploitant un réseau de relation administratives intermédiaires particulièrement efficace. Autrement dit, les coopérants d'origine petite-bourgeoise sont majoritaires, tout en étant proportionnellement moins nombreux

formation ces coopérants (*op. cit.*, p. 127) :

Niveau	Coopérants militaires	Coopérants civils
Pré-universitaire	18	36
Universitaire	47	33
Supérieur	35	31

Parallèlement, les enquêtes Marcomer (qui ne portent que sur les civils) indiquent une progression régulière de ce niveau de qualification.

1. Voir P. Bourdieu et J-C Passeron, *La Reproduction*, C. Baudelot et R. Establet, *L'École capitaliste en France*, etc.

qu'en France par rapport à leur collègue d'origine grande-bourgeoise, alors que les assistants techniques d'extraction ouvrière ou paysanne sont plus que minoritaires [1]. Ces derniers, déjà en processus d'acculturation par leurs études, traversent d'ailleurs la parenthèse tropicale comme une ascension sociale et appartiennent objectivement à la catégorie petite-bourgeoise, la revendication de leur origine populaire prenant surtout chez eux une valeur symbolique [2].

À défaut d'en généraliser l'accès, le Club prétend bien toutefois instaurer dans ses villages de vacances des formes d'existence résolument égalitaires et confondre les deux groupes qui constituent la base sociale de sa clientèle. Apparemment, une dynamique estivale inédite unifie ces assistants techniques de provenance grande- bourgeoise et petite-bour-

1. Révélatrice est à cet égard la distribution sociale des coopérants examinés par D. Harari (*op. cit.*, p. 123) :

Classe sociale	Coopérants militaires	Coopérants civils
Modeste	19	14
Moyenne	50	64
Elevée	31	21

Le caractère administratif des critères utilisés (profession du père, etc.) permet d'inférer qu'en termes de dynamique de classes, beaucoup des assistants techniques regroupés sous la vague étiquette « modeste » appartiennent en réalité - et dès la métropole - à la petite bourgeoisie. Il est significatif par ailleurs que les coopérants d'origine élevée soient davantage attestés parmi les appelés du contingent puisque, on l'a vu, ils bénéficient d'une facilité sociale supplémentaire avec l'inégalité devant la conscription (et ceci correspond parallèlement chez eux à un niveau universitaire supérieur comme le montre le tableau précédent).

2. Cela afin de se démarquer des coopérants petits-bourgeois lorsque ceux-ci tentent de répondre à l'agression des grands bourgeois par l'affirmation d'une essence populaire (voir plus loin).

geoise, durant leur passage dans le tiers-monde. Pour tous, la découverte de la vie coopérante entérine et renforce d'emblée la rupture avec les déterminations métropolitaines, et à travers le nouveau statut social qui accompagne cette expérience touristique du nivellement, ils donnent même à leur indifférenciation globale la saveur d'une promotion collective. Les inégalités capitales qui les divisaient auparavant par rapport au travail, à l'argent, à la sexualité sont largement compensées. L'existence au-delà des mers les place explicitement dans une situation radicalement neuve, et les stratifications sociales d'origine semblent dorénavant sans prise sur leur communauté.

Entre grands et petits bourgeois, des pratiques de classe de type traditionnel ne peuvent en effet plus avoir cours. Celles-ci s'articulaient autour d'arguments politiques et économiques : or dans la société coopérante, cette expression des rapports sociaux est provisoirement suspendue étant donné l'identité des conditions de vie locales et la non évocation des disparités perpétuées parallèlement en France. Tout comme les bénéfices réalisés sur place sont occultés, ces disparités n'alimentent que rumeurs et supputations concernant les éventuels avoirs de chacun en métropole. Et les assistants techniques n'engagent les implications profondes de leur différenciation sociale que par procuration, au sens propre du terme : procurations de vote ou notariales.

Mais sous cette transparence affirmée des relations, des contradictions internes persistent insidieusement dans la société coopérante. Le cadre contraignant de leur coexistence journalière, le rapport de force inopiné suscité par le caractère même de leur microcosme, socialement exagéré par le haut et différemment distribué en classes d'âge selon les groupes, réveille et exaspère sourdement parmi les assistants techniques leurs conflits d'origine. Et s'ils ne vivent qu'indirectement et sans retombées locales la dimension économico-politique de ces affrontements métropolitains, ils sont insensiblement conduits à leur donner sur le plan culturel une traduction ténue mais subversive.

Cette expression culturelle des contradictions sociales reste protégée en France par l'étanchéité des relations de classes. Tout en partageant l'illusion d'une résorption accélérée des cloisonnements, grands et petits bourgeois continuent de pérenniser leurs singularités à travers une cascade d'opacités. Chaque groupe parcourt des territoires marqués : habitat, langage, code, consommation..., les frontières reconnues de ces champs symboliques hétérogènes préservant leurs occupants de la promiscuité ou de l'agression. La rencontre est toujours médiatisée, la visite préméditée, et l'exploration sauvage des univers mutuels, qui risquerait d'anéantir le mythe de l'égalisation sociale tendancielle, est frappée, d'un côté comme de l'autre, de tabous passionnels. Outre-mer, bien que socialement déterritorialisés et intégrés dans un système de fréquentation et de communication inévitable, quoique dépouillés de leurs références de classes habituelles et confrontés à des modèles homogènes, les coopérants des deux groupes, parviennent chacun à sous-titrer culturellement la version officielle de leur existence collective. Ils souscrivent ouvertement aux normes démocratiques de leur séjour au Club, mais resignifient subrepticement les éléments communs de leur nouvelle condition suivant une logique de la dissimilation, recréent furtivement entre eux des fermetures culturelles. Agitant en profondeur la vie sociale coopérante et crevant à sa surface policée comme des lapsus discordants, ces significations rapportées condensent de manière explosive une dynamique de classe diluée en métropole. Pris par surprise à leur propre jeu culturel, grands et petits bourgeois s'y dévoilent comme de véritables archétypes. Et cette expérience vacancière du désenclavement, supposée abolir les barrières sociales, en sert finalement de puissant révélateur.

1. Le grand bourgeois

Culturellement, la grande bourgeoisie est travaillée par des divisions statutaires reposant sur l'antériorité du patronyme ou l'authenticité des traditions. Mais ce qui la constitue en tant que classe, par-delà ces hiérarchies internes et par rapport aux autres groupes sociaux, c'est le partage d'une même *légitimité*. Celle-ci lui est conférée par les mythes aristocratiques de la distinction qu'elle s'approprie historiquement en assimilant la noblesse et son imaginaire, perpétue économiquement à travers le contrôle de la demande et de la valeur d'usage, illustre socialement dans un discours différentiel lui permettant de toujours fonder en valeur propre sa situation, de ne dépendre sur le plan de la conception culturelle de son univers d'aucune juridiction, de maîtriser le monopole de la reconnaissance.

Individuellement, le grand bourgeois vit cette légitimité comme un acquis social inaliénable, qui est appréhendé en termes d'essence, et dont il tire qualité et sérénité pour imposer en toutes circonstances son rapport au monde. Par définition, il n'est ni contrarié ni contraint dans la production culturelle de son environnement, celle-ci n'exprimant jamais une insuffisance, ne pouvant aucunement faire l'objet d'une saisie. Non seulement il n'a pas à fournir de justifications à quiconque, mais surtout il est dépourvu des incertitudes qui naissent à tous les niveaux de la dépossession, épargné par cette auto-suspicion qu'attise en permanence le verdict potentiel d'autrui, libre de vagabonder parmi les codes à son gré capricieux. Quoi qu'il fasse, il est tributaire de ses seuls choix, et cette relation privilégiée que le grand bourgeois entretient à son endroit forme l'aspect le mieux intériorisé et le plus subtilement arrogant de son héritage culturel. Il peut soulever la problématique de son appartenance sociale, la culpabiliser, la renier, la trahir politiquement, se détester : à travers son refus, sa souffrance, son expiation, sa haine, il demeure toujours en excellente compagnie avec lui-même.

Pour le coopérant d'origine grande-bourgeoise, l'exil hors de ses réserves métropolitaines ne signifie donc nullement le dépérissement de sa légitimité culturelle. Ayant vocation sociale à s'installer partout, il s'emploie bien vite à rebâtir l'empire de ses signes. Et il le fait avec d'autant plus de facilité qu'il se découvre outre-mer dans un contexte où ses schémas familiers viennent très naturellement s'inscrire, sur un terrain qui le stimule aussitôt dans ce que

Marx appelle magnifiquement « l'exercice de sa souveraineté imaginaire [1] .»

La légitimité retrouvée

Les fameuses *isles* constituent des mondes mystérieux déjà chargés de résonances dans son patrimoine culturel. Sous forme de plantes, d'objets précieux, de curiosités artistiques, de goûts culinaires, la classe dominante a acclimaté les modes exotiques dès les premières razzias de l'impérialisme. Et dans sa transmission orale ou écrite, elle développe toute une mythologie de l'au-delà des mers qui est intégrée aux rêveries enfantines ou adolescentes du jeune grand bourgeois. Les tropiques sont magnifiés pour lui à travers les récits épiques, les butins, les animaux étranges rapportés par l'original patenté et adoré de la famille, dont le statut semi-adulte, les apparitions magiques, l'ostentation, les longues absences, donnent à ces expéditions les charmes de l'évasion et de l'irresponsabilité. Les traditions coloniales de commandement administratif ou militaire propres à la grande bourgeoisie, l'évocation nostalgique des guerres d'indépendance, ajoutent à sa fascination un sentiment de possession envers ces territoires lointains et perdus : au cœur de ses fixations sémantiques, les noms de lieux exotiques, qui cristallisent dans l'espace rose de ses vieux manuels de géographie, le romantisme de la découverte et de la conquête, irradient d'une poésie envoûtante. Le thème du départ dans le tiers-monde est investi de multiples modèles puisés dans sa littérature de classe,

1. Voir *La Question juive.*

où l'invitation au voyage, l'exploration, les journaux de croisière, le scoutisme sans frontière, ne sont que de charmants préludes à l'échappée rimbaldienne, à la ferveur gidienne, à la mystique tropicale.

D'emblée, le coopérant grand-bourgeois peut ainsi vivre les différents aspects de ce dépaysement à travers les catégories sociales de sa sensibilité. Ses périples en brousse sont négociés comme de grands jeux de piste, où il parcourt le livre ouvert de la jungle, recrée symboliquement les cheminements culturels de l'aventure. Il dédaigne les chromos d'agence et le folklore touristique qui sont consommés massivement par les autres membres du Club et s'attache à privilégier individuellement des impressions rares, incongrues. Il reçoit dans un éblouissement le choc de l'univers villageois traditionnel; il cultive ses émotions devant certains paysages, certaines scènes de la rue, les analyse, établit des correspondances picturales, musicales, poétiques, les accueille comme des moments de plénitude [1]; il accède à une nouvelle inquiétude métaphysique en contemplant les étendues désertes, la nature vierge. Dans la relation avec son corps, il expérimente une esthétique de la sensualité. Il recherche des jouissances neuves dans la cuisine, les alcools, les excitants locaux; il se targue de réinventer l'érotisme à travers ses rapports sexuels avec des indigènes que leur extériorité culturelle et physique permet de poser en partenaires-objets neutres de sa quête impassible; il

1. Voir Emmanuel Berl, *Mort de la morale bourgeoise*, p. 103. Si André Gide descendait le Congo en lisant Bossuet, le coopérant grand-bourgeois, quant à lui, sillonne volontiers la brousse en compagnie de Georges Bataille, Marguerite Duras, voire Jean-Edern Hallier.

s'efforce d'apprivoiser la chaleur, les senteurs, la lumière, les couleurs, de capter le sauvage derrière le domestiqué, d'en tirer une dilection primordiale.

Vis-à-vis d'un monde autochtone non plus saisi comme décor exotique, mais comme interlocuteur humain, l'assistant technique grand-bourgeois se trouve dans une position tout aussi favorable. C'est de sa classe sociale que relève l'idéologie véhiculée par la coopération française. Cette conception des contacts entre civilisations, cette vision humaniste d'une promotion collective, le mythe du désintéressement, le placent dans une démarche sociale qui fait partie de ses traditions. Se pencher sur les masses, les éveiller, tout en divagant sur elles dans l'imaginaire, procèdent de comportements enracinés dont il s'acquitte en pleine légitimité, et la pauvreté des nations, le développement, les rapports d'assistance représentent une transposition amplifiée des préoccupations métropolitaines à caractère social de son groupe ; du fait de son décalage culturel et de sa non implication politique locale, il peut même, avec encore plus de liberté qu'en France, développer dans ses relations avec cette population indigène tous ses phantasmes débridés de grand bourgeois, depuis la projection psychologique individuelle jusqu'au délire prométhéen : aimé de son boy et fils de l'Occident.

Il établit parallèlement une communication facile avec les jeunes intellectuels nationalistes de l'élite autochtone, que leur situation enferme dans des pseudo-contradictions identiques. Cette connivence a pour base essentielle le commun décryptage du message évangélique selon Maspero qui, en fournissant aux bourgeoisies de la planète un espéranto idéologique providentiel, contribue avec éclat à la rédemption du tiers-monde. Entre des minorités indigènes sachant mettre leurs intérêts à l'abri d'une logorrhée progressiste, et des émissaires de la mère-patrie qui se font pardonner les leurs en dénonçant abondamment la dimension impérialiste de l'activité coopérante, une solidarité ambiguë s'instaure immédiatement. Un semblable rapport à la culture tricontinentale les aide à définir la problématique politique dans laquelle ils sont mutuellement engagés. Ils se plaisent à analyser leur antagonisme irrémédiable, à déplorer ensemble les facteurs objectifs de leur opposition historique, au cours de fraternisations sous forme de marivaudage qui témoignent d'abord d'une complicité de classe à l'échelle internationale.

Enfin, les conditions mêmes de l'existence dans le tiers-monde offrent à cet assistant technique de bonne famille l'occasion de renouer avec un exercice quotidien de la légitimité en relatif déclin dans les habitudes sociales contemporaines de son groupe. La domesticité, gent avec laquelle il a ses traditions, la facilité des services, la lenteur des rythmes, l'alternance des réceptions, la perpétuation de ses loisirs de nanti, l'impunité professionnelle, sont autant de privilèges intacts dont il redécouvre les agréments et qui favorisent pour lui la restitution d'un savoir-vivre grand-bourgeois de la meilleure époque.

Loin d'être désorienté ou dépossédé par son expatriation, il se voit donc sous les tropiques réassuré dans une légitimité culturelle que galvanisent à la fois son appréhension de l'exotisme, son approche du sous-développement, et le contexte économique local. Le tiers-monde, c'est un peu la terre promise où le grand bourgeois occidental se révèle comme homme imaginaire, dérivant sans contrainte au sein de ses mythologies de classe, se retrouvant entre soi. Mais si, pour paraphraser Michel Villette, il n'a pas grand-peine à « mériter outre-mer, les positions statuaires dont il hérite en métropole[1] », il lui faut encore les signifier parmi ces vacanciers qui prétendent villégiaturer démocratiquement au Club.

La renaissance d'un discours de classe

Confirmé culturellement par une expérience du tiers-monde qui le renvoie à sa propre spécificité, l'assistant technique grand-bourgeois investi cette légitimité inaltérée dans la vie estivale. Mécaniquement, et sans même envisager son intervention en tant que discours de classe, il s'efforce de soustraire son existence à la standardisation générale, de réinterpréter symboliquement les données communes de la condition coopérante, d'affirmer sa dissidence sur le mode de l'allusion ou de l'ellipse. C'est ainsi, que, dès sa venue au Club, il s'emploie à marquer son territoire privé. Par le choix de son domicile, l'appropriation et la production de son espace, il tente d'opérer une restructuration indirecte de son village de vacances. S'il bénéficie d'une allocation, il fuit les cités concentrationnaires ou les bâtiments collectifs modernes ordinairement attribués aux coopérants et cherche une vieille demeure d'architecture coloniale ; sinon, il opte pour un apparte-

1. « L'accès aux positions dominantes dans l'entreprise », *Actes de la Recherche*, n° 4, p. 98.

ment ou une villa qu'une situation géographique marginale écarte et différencie au maximum. Métaphoriquement, il rétablit donc une pratique métropolitaine des vacances et des villages qui s'incarnait dans la résidence secondaire protégée ou la vie de château. Et de toute façon, à travers l'aménagement de son logement, il reproduit sur place ses conceptions sociales touchant à l'affectation et à la décoration des pièces. En séparant bien nettement les périmètres dévolus au salon et à la salle à manger, il s'acharne à faire éclater la topographie fonctionnelle de l'inévitable séjour qui sert de cadre monolithique à la mondanité coopérante ; n'émigrant jamais sans ses livres ni ses disques, il se hâte d'installer une bibliothèque, de créer un fond sonore, reconstituant par là l'ambiance feutrée des gîtes grands-bourgeois ; dans son rapport aux choses, il se comporte en fonction des impératifs esthétiques de sa classe : quelle que soit l'hétérogénéité des objets dont il dispose, apportés par lui, fournis par l'administration du Club, provenant de l'artisanat local, il les intègre dans un même projet qui privilégie les uns et neutralise les autres. En ordonnant les meubles, en escamotant la laideur, en évitant toute mise en valeur intempestive ou toute forme d'ostentation, il s'applique à tenir à travers ses objets un discours sans faute, essaye de tendre vers cet idéal culturel de la grande bourgeoisie représenté par une combinatoire esthétique à la fois dépouillée et raffinée.

Dans son domaine intérieur ainsi discipliné, il se compose un personnage d'hôte affable, soucieux que sa demeure soit ouverte à toute heure, affectionnant les rassemblements improvisés qui rompent avec la routine des repas, feignant d'échapper par une fantaisie étudiée à l'institutionnalisation des prestations entre coopérants. Et toujours suivant la même démarche machinale, il détourne symboliquement dans le sens de sa distinction les diverses formes de nivellement qui surgissent de ces vacances organisées. Tout en participant à travers sa relation à l'argent des mécanismes collectifs de camouflage et en s'interdisant de verser dans l'imitation des modèles de consommation de type colonial, il se signale précieusement en invoquant sans cesse une incorrigible maladresse à gérer son économie, en affectant la plus complète distraction vis-à-vis de ses débiteurs comme de ses créditeurs, en prélevant sur son traitement une petite part maudite qui finance les foucades, les voyages impromptus, les dépenses mûrement irréfléchies auxquels il sacrifie ponctuellement. Pour rompre avec les habitudes de solidarité confinée qu'engendrent chez les assistants techniques leur vulnérabilité d'étrangers et les conditions sanitaires, il affirme se moquer des consignes tacites de sécurité ou des pratiques hygiéniques communément suivies, et affiche souvent une même irresponsabilité dans sa façon de traiter ses enfants : il refuse de les entourer cérémonieusement des précautions pharmaceutiques d'usage, leur ménage une grande indépendance, s'embarrasse le moins possible de leur présence, les envisage en fidèles reflets de sa propre insouciance. En entretenant soigneusement un élégant désordre et un négligé savant parmi ses affaires, il oppose à l'homogénéité du marché et à l'uniformisation des produits courants, des vêtements, des parures, le label social de sa désinvolture. Devant la banalité récurrente des sorties ou des activités culturelles, il réplique en suivant les modes programmées par son anticonformisme de classe : il fait de certains restaurants populaires indigènes les lieux élus de sa frivolité gastronomique et de son goût des atmosphères particulières, se délecte en amateur averti des trépidants surplus cinématographiques octroyés par l'Occident aux spectateurs du tiers-monde. Quant aux avantages matériels, professionnels, érotiques, etc. que confèrent localement le statut d'Européen, il ne les accueille pas comme une promotion, dans une précipitation gloutonne et maladroite de parvenu, mais il les reçoit comme un dû, et les incorpore à son style de vie avec des mines profondément ennuyées et lointaines de vieux prédateur social.

Le verdict culturel

Si ce discours de classe se déploie mécaniquement, la béance de l'existence collective coopérante conduit peu à peu l'assistant technique grand-bourgeois à le percevoir puis à l'assumer en tant que comportement social objectif. Immergé jusqu'alors dans un système culturel qu'abritait en métropole l'étanchéité des rapports sociaux, il pouvait vivre les principes intériorisés de sa légitimité de façon immédiate et naturelle. Mais en surprenant journellement chez ses collègues petits-bourgeois des habitudes culturelles elles aussi renaissantes et désormais dévoilées, en se sentant lui-même appréhendé socialement, il saisit la singularité de ses codes, et ce qui n'était qu'une affirmation dégagée se transforme en apprentissage arrogant de sa différence. Le voisinage estival, l'inéluctable exploration des usages mutuels, suscitent de sa part le renforcement et la recrudescence de stéréotypes qui n'alimentaient que ses chuchotements de classe virtuels. Ses présupposés culturels, spontanément retrouvés, signifiés sans intention, lui deviennent progressivement explicites en se coulant dans une pratique sociale impitoyable de la ségrégation.

Constituant son univers rapporté en lieu de référence absolu, il s'empresse de porter des jugements de valeur sur les mœurs découverts de ses compatriotes petits-bourgeois. Par-delà l'uniformité artificielle des conditions, il débusque les indicateurs culturels révélateurs, les collecte avec une certitude amusée, s'entraîne intensivement aux notations de classe. Jouant avec ces expériences sociales inédites qui animent son émigration provisoire, il réinvente sur place une logique de la discrimination fondée sur les inusables critères de la distinction et de la vulgarité, à travers toutes leurs concrétisations empiriques : bons et mauvais goût, genre, manières... Bref, par le biais d'un verdict culturel incessant, il découvre le sens et les pouvoirs de sa souveraineté imaginaire. Et ces vacances éducatives contribuent bien souvent à éveiller une conscience de classe qui, chez cet assistant technique généralement jeune, restait embryonnaire, quelle que fut son agilité intellectuelle à disserter sur les contradictions sociales secondaires générées par le mode de production capitaliste.

Cette prise de conscience s'effectue d'abord durant les agapes rituelles qui offrent au coopérant grand-bourgeois l'occasion régulière de recenser et de ressasser les carences culturelles de ses hôtes petits-bourgeois. Dans leur aménagement domestique, il déplore la totale pauvreté harmonique : l'agencement des meubles est délaissé, ceux-ci demeurant immobilisés aux places conventionnelles choisies par les déménageurs du Club, il n'existe pas d'élaboration dans la disposition des sources lumineuses qui tombent verticales et crues, les pièces ne possèdent pas d'affectation définie et ne créent pas entre elles cette atmosphère globale différentielle qui émane de son propre domicile. Plus encore que l'homme, la femme grande-bourgeoise se révèle culturellement investie pour mener tambour battant cet état descriptif sévère du domaine petit-bourgeois. Elle inventorie avec un œil exercé et infaillible, absorbe tous les détails, ramène de ses incursions hors de la salle de séjour une série d'observations pittoresques : la photo de mariage exposée sur la table de chevet, les dessins d'enfant épinglés au mur, le petit linge qui traîne ou qui sèche en point de mire... Malgré les consignes et l'exemple donnés par les gentils organisateurs, dont le vocabulaire estival se limite à un corpus d'environ trois cents mots, un partage social des langages persiste sournoisement parmi les assistants techniques. Au cours de ces repas, le grand bourgeois s'atteste et se repère comme être-de-classe en se livrant aux délices du discours second. Derrière le dépouillement apparent, il évalue à de menus signes la recherche sans goût, décèle la présence de modèles socialement catalogués, et s'en divertit parodiquement : il se répand en compliments devant la serviette pliée en éventail qui l'attend dans son verre, s'époumone d'admiration en découvrant le barbecue flambant neuf de fabrication artisanale locale, reprenant avec jubilation et sur le ton de l'allusion complice les termes que la petite bourgeoisie utilise dans leur acceptation immédiate [1]. Et dans la mesure où il est culturellement habilité à abuser des audaces de l'expression orale, il provoque malicieusement chez ses collègues l'apparition des censures profondes qui les inhibent par rapport aux catégories inconvenantes du parler.

Sous la neutralité redondante des conversations percent des locutions typiques qu'il se plaît à recueillir. Il s'égaye en dénombrant les surnoms variés et croquignolets que secrète entre époux l'imagination conjugale petite-bourgeoise; il relève péremptoirement les emplois de la langue dits communs qui forment les repoussoirs culturels attitrés de sa gracieuse distinction; il enregistre avec indulgence l'incorrection sympathique des formules de politesses usuelles, et se laisse volontiers éberluer par l'extravagance littérale de celles qui lui sont le moins familières: telle l'expression «bon courage», couramment utilisée par les femmes petites-bourgeoises comme formule d'adieu, et qui déclenche immanquablement les gloussements différés et haut perchés d'une convive grande-bourgeoise, dont les spéculations pointues n'en finissent plus sur les raisons nécessitant de sa part une pareille bravoure. Par-delà la décontraction voulue qui préside à ces réceptions, le

1. Un des jeux de société favoris de la grande bourgeoisie consiste à plaquer ce métalangage parodique sur un discours domestique qui, on le verra, exprime pour elle la vraie nature sociale du petit bourgeois. Ainsi sont utilisés des termes comme coquet, propret, copieux, spacieux, cabas, potée…

coopérant grand-bourgeois note chez ses compatriotes une ignorance des manières de table élémentaires qui n'est nullement militante, car elle correspond parallèlement à une application anxieuse des gestes, à une tension non relâchée vers la bienséance dont la maîtresse de maison se fait le vigilant gendarme. Symptomatiques sont également pour lui les attitudes à la fois maladroites et cassantes des petits bourgeois avec leur personnel indigène : elles traduisent un manque complet d'habitudes sociales dans le maniement approprié des domestiques et procèdent surtout directement de ce que Mannoni appelle « la surcompensation d'un complexe d'infériorité [1] », réaction caractéristique d'une brusque promotion tropicale qui ne sait s'affirmer qu'aux dépens des subalternes. De ce dernier phénomène, il veut d'ailleurs voir la confirmation dans les crises hystériques d'autorité professionnelle, les raidissements hargneux, voire les actes de quasi cruauté sexuelle auxquels une partie de ses congénères petits-bourgeois se laissent parfois aller vis-à-vis des autochtones.

Encouragé par ces débuts prometteurs dans l'impérialisme de classe, le grand bourgeois se cherche quantité d'autres prétextes pour parachever son déniaisement culturel et écrémer la communauté coopérante. Les soirées de l'assistance technique lui fournissent l'occasion d'étudier de très près le relativisme social des critères féminins d'épilation, et de retrouver, grâce à quelques effluves puissants, le temps perdu où il dérogeait dans des bals périphériques ; les réunions enfantines lui

1. *Psychologie de la colonisation*, p. 114.

permettent de fustiger les modèles vestimentaires soignés et les schémas psychologiques suffisants à travers lesquels la petite bourgeoisie bichonne sa progéniture et se referme possessivement autour d'elle. Il démystifie l'égalité théorique dans l'accès aux loisirs en ironisant lourdement sur la gaucherie des assistants techniques petits-bourgeois qui se frottent à des disciplines sportives élitiques nouvelles pour eux ; et si ces derniers ont définitivement banni de leur panoplie estivale le maillot de corps à grosses résilles tant chéri par sa classe, il les identifie néanmoins aux comportements collectifs de promiscuité qu'ils continuent d'engager dans leurs vacances : ils aiment s'agglutiner les uns aux autres sur les plages ou le long des piscines, sortir en bande, se regrouper à l'intérieur des quartiers coopérants en fondant des comités et associations de toutes natures, alors que lui-même, par réflexe, s'isole. Cet isolationnisme se vérifie splendidement dans l'impossible communication culturelle. Son appréhension du tiers-monde, les significations qu'il donne à cet exil au-delà des mers, relèvent pour lui d'une démarche autonome, essentiellement distincte, absolument intransmissible à des coopérants petits-bourgeois qui fuient le contact de l'exotisme ou le désamorcent par une volubilité exaspérante.

Quant à l'échange intellectuel, il ne dépasse guère le stade des pieuses intentions. Moins âgé, en principe peu carriériste dans le métier de coopérant, le grand bourgeois se pique facilement d'opinions progressistes fanfaronnes sans les articuler à une pratique syndicale ou à des revendications professionnelles précises, développe tout un lyrisme politique sans s'impliquer dans sa réflexion en tant que travailleur immigré [1]. Et il se navre de voir opposer à ces rodomontades la dialectique compassée du socialisme petit-bourgeois, de ne trouver dans l'argumentation de ses interlocuteurs que la transposition prosaïque des exigences métropolitaines de sécurité et de bien-être. Il daigne à la rigueur entendre les intellectuels petits-bourgeois expatriés qui possèdent en commun avec lui certains penchants artistiques, partagent sa fascination candide pour les pseudo-aventuriers de la littérature partis réconcilier la pensée et l'action sous d'autres latitudes, et dont les tentatives d'assimilation reposent outre-mer sur un même raffinement esthétique de la dilection exotique, sur une semblable disposition à l'envolée idéologique gratuite, sur un souci identique de se différencier métaculturellement des divertissements coopérants de base. Il avoue enfin un faible pour les petits bourgeois de vieille souche coopérante, spécialisés dans la relation naïve et colorée de leur expérience approfondie du tiers-monde, qui

1. Les clivages discrets qui divisent les groupes professionnels de la coopération et qui sont perçus par les assistants techniques comme une simple conséquence de la proximité quotidienne ou comme l'expression de snobismes corporatistes, constituent en fait la traduction souterraine de ces oppositions de classes. C'est pourquoi, le corps enseignant, majoritairement composé de petits bourgeois qui y font carrière, est généralement traité avec une légère condescendance par les assistants techniques non enseignants, davantage recrutés dans la grande bourgeoisie, et plus mobiles (sur cette répartition des coopérants, voir D. Harari, *op. cit.*, p. 123).

constituent pour lui des personnages d'anthologie dignes de sa bibliothèque enfantine. Ces preux baroudeurs de la coopération française se montrent d'ailleurs tout disposés à parfaire leur numéro de mégalomanie tropicale à l'intention de leur collègue de bonne famille, dont la fréquentation est pour eux, en contrepartie, l'occasion de briller d'un vernis mondain acquis durant leur long passage dans les communautés blanches transplantées, et d'ainsi se conforter dans l'illusion de leurs conquêtes sociales exotiques.

2. LE PETIT BOURGEOIS

Empruntant à une démarche purement économiste ses schémas figés, l'analyse culturelle n'envisage généralement la petite bourgeoisie, que par rapport à la grande, et ceci de manière résiduelle. Ainsi, de la même façon que pour Baudelot, Establet, et Malemort, « sont petits bourgeois tous ceux qui, à cause de leur place dans les rapports de production, se voient rétrocéder par la bourgeoisie une fraction de plus-value [1] », « les normes petites-bourgeoises, selon Barthes, sont des résidus de la culture bourgeoise, des vérités bourgeoises dégradées, appauvries, commercialisées, légèrement archaïques, ou si l'on préfère démodées [2] ». Tout se passe comme si l'expression même de petite bourgeoisie devait être prise telle quelle, ou comme si l'intellectuel français petit-bourgeois appréhendait

1. *La Petite Bourgeoisie en France*, p. 224.
2. *Mythologie*, p. 228.

inévitablement sa propre appartenance sociale à partir de conduites d'échec portées sur la grande bourgeoisie. Or dans le contexte culturel des affrontements de classes, la petite bourgeoisie occupe avant tout une situation stratégique de compromis. Elle n'existe socialement que dans la relation simultanée et contradictoire qu'elle négocie à la fois avec la grande bourgeoisie et les milieux ouvriers et paysans. Elle se démarque de ces derniers en utilisant les modèles d'inspiration aristocratique diffusés par l'appareil culturel grand-bourgeois, à travers les thèmes débauchés de la classe, du standing, dont l'étanchéité sociale abrite l'investissement privé et illusoire; elle revendique préventivement à l'encontre de cette grande bourgeoisie qu'elle croit simuler une qualité populaire puisée à des sources idéologiques tout aussi artificielles. Ainsi déterminée par « la polarisation de sa position de classe », comme l'écrit Poulantzas [1], elle ne peut fonctionner que sur des mythes usurpés, traduits, ambivalents, qu'elle maîtrise imparfaitement. Et les façons inégales et fluctuantes dont elle se polarise autour de ce couple d'oppositions expriment son hétérogénéité interne et sa mobilité le long de hiérarchies fondées à la fois sur le pouvoir économique et le statut professionnel.

N'héritant culturellement d'aucune référence essentialiste qui lui soit propre, émargeant à l'imaginaire des classes rivales, dépourvu d'illustrations historiques et dépossédé de toute légitimité, le petit bourgeois vit individuellement sa condition sociale comme une bâtardise. Il dépend entièrement de la

1. *Les Classes sociales dans le capitalisme d'aujourd'hui*, p. 307.

sentence d'autrui, se voit conduit à cultiver perpétuellement suspicion et apitoiement à son endroit. Alors que le grand bourgeois se dissimule par pudeur face à la signification économique de son avoir, le petit bourgeois s'entoure d'opacités par défiance ombrageuse devant la vulnérabilité culturelle de son être. Et si le premier, qui n'est jamais en mauvaise compagnie avec sa propre personne, se trouve à même de prendre les plus grandes distances critiques par rapport à son groupe, le second, pour les raisons inverses, n'a d'autres recours que de se préférer obstinément. En se refermant sur les normes moyennes d'un compromis culturel qui ménage les deux codes, en les fixant dans un conformisme sécurisant, en les exaltant au besoin par un discours idéologique outré ou une fatuité quotidienne, il s'efforce de neutraliser les relations malaisées qu'il entretient fondamentalement avec lui-même[1].

Autrefois, la colonie stabilisait le petit bourgeois émigré dans un rêve univoque d'ascension. La gloire de l'Empire, c'était beaucoup la sienne, reposant sur une réussite matérielle et sociale qu'il bâtissait tranquillement durant d'interminables carrières ultramarines. Il formait l'ossature de la société coloniale et son épanouissement n'était pas contrarié par la présence très retirée de métropolitains grands-bourgeois qui, hormis les quelques fils prodigues ravis d'épater, de fasciner et de gruger leur galerie petite-

1. C'est pourquoi l'intellectuel progressiste petit-bourgeois qui refuse de se préférer à travers des normes aussi restrictives, demeure en si grande délicatesse avec lui-même. Par delà le leurre contemporain de la marginalité, on peut dire de l'anarchisme qu'il représente historiquement la seule réponse *individuelle* cohérente à une telle situation sociale.

bourgeoise tropicale, demeuraient cantonnés dans les milieux clos des hautes instances militaires ou administratives, abandonnant l'essentiel des rôles sociaux directs de souveraineté vis-à-vis du monde indigène. Sans opposition, il pouvait s'étourdir dans des usages et des modes de vie privilégiée, développer une culture de la respectabilité qui lui procurait localement la légitimité refusée en France. Et une fois rentré, ses habitudes d'aisance, son enrichissement symbolisé par la construction ou la restauration ostentatoire d'une maison entraînaient, pour ce cousin des colonies, sinon une mutation sociale, du moins une promotion notable au sein de son groupe.

Désormais, avec les données nouvelles de l'expatriation nationale, les mécanismes de recrutement et les principes communautaires institués par le Club Coopération, le séjour dans le tiers-monde ne remplit plus les mêmes fonctions régulatrices. Sans doute l'assistant technique petit-bourgeois bénéficie-t-il toujours d'avantages statuaires importants, et engrange-t-il suffisamment durant ses vacances pour être en mesure d'investir dans l'immobilier, comme par le passé, à son retour définitif en métropole. Mais cette *qualification sociale exotique* qui donnait toute sa suavité au mythe de l'exil colonial lui est maintenant contestée par la faction grande-bourgeoise avec laquelle il est tenu de coexister. Irrémédiablement coupé de son univers coutumier, exposé et démuni par le pseudo-dépouillement estival des signes, il est livré au verdict culturel permanent de ses adversaires dans des domaines jusqu'alors préservés. Et l'alternative est brisée qui lui permettait en France de chercher une réassurance sociale du côté d'un milieu populaire voué outre-mer à un rôle de figuration, quand ce n'est de composition. Loin de vivre sa situation sous l'angle du jeu, le coopérant petit-bourgeois se crispe donc dans des comportements vains, ambigus, exacerbés, qui traduisent tour à tour son rapport défaillant au système culturel grand-bourgeois et un ressentiment tenace devant le dévoilement de cet embarras.

La simulation illusoire

Le nivellement des conditions vacancières ne faisant que le confondre implicitement dans son défaut de légitimité, le petit bourgeois transplante spontanément les parades culturelles qui lui donnaient, en métropole, l'illusion de simuler la grande bourgeoisie dans l'esprit sinon à la lettre. Il s'empresse lui aussi de marquer son territoire domestique, avec le souci de l'opposer à la standardisation administrative, de le distinguer, de lui conférer de la classe. Et dans ce but, il s'empare magiquement du seul produit qui, par son abondance et son inutilité, échappe localement aux contraintes de la rareté ou de la nécessité : l'objet exotique, viatique providentiel offert à son impérieux désir de paraître. Travaillée à la main dans un matériau rustique, évoquant un archaïsme des gestes et une antériorité des formes, ésotérique, cette œuvre artisanale indigène est perçue par le coopérant petit-bourgeois comme « totalité et présence authentique[1] », dotée d'emblée d'un statut décoratif absolu ; et ceci de façon indifféren-

1. Jean Baudrillard, *Le Système des objets*, p. 105.

ciée puisqu'à ses yeux, il ne possède de valeur définie ni esthétiquement, ni économiquement, l'une outrepassant les classifications et normes artistiques occidentales, l'autre résultant d'une transaction qui la fixe subjectivement à l'appréciation et à l'habileté de l'acheteur. Misant sur cette innocence culturelle de la création locale, il proclame ingénument son intention de pourlécher dans un style totalement indigène sa demeure qui se transforme vite en débouché triomphant de l'artisanat autochtone. Chez lui, la pénurie harmonique est compensée par l'opulence ornementale, et les objets s'accumulent, plastronnent, se répondent, dans une prolifération démonstrative. Statuettes, masques, cuivres ouvragés, armes, poteries, vanneries, trophées de chasse, équivalents du bibelot, chargent son intérieur de tout l'exotisme commercialisable, tandis que des produits luxueux et naturels : pierres semi-précieuses, coquillages rares, bois silicifié, y étalent les connotations minérales de la richesse. Si ses vacances se prolongent, il remplace peu à peu le mobilier du Club par des fabrications locales : table en aragonite, chaises en palissandre sculpté, tapis de mohair, poufs en cuir..., la métamorphose de son domicile en véritable musée ethnographique touristique constituant la forme la plus achevée de ce fétichisme effréné devant l'objet [1].

Mais cette tentative ostentatoire n'exprime en réalité que son désarroi face à une situation sociale

1. Cette substitution concerne rarement les objets domestiques (vaisselles, nappes...) que le petit bourgeois colporte sentimentalement dans ses bagages d'exil comme un précieux trousseau. Les grands bourgeois au contraire, peu soucieux d'encombrer leurs cantines de tout un bric à brac ménager, apprécient les produits de l'artisanat utilitaire qui les préservent de l'inox et du plastique d'importation.

dont l'inconfort est surdéterminé par les modes collectifs d'existence vécus au sein du Club. Baudrillard le dit bien : « C'est cette légitimité contrariée qui fait que ces classes moyennes investissent avec d'autant plus d'acharnement dans l'univers privé, dans la propriété privée et l'accumulation d'objets, autonomisant tout cela par défaut, pour tenter d'y fêter une victoire, une reconnaissance sociale véritable qui leur échappe [1]. » Plutôt que de le sauver, ce discours conjuratoire désespéré qu'il tient à travers son aménagement domestique consomme la défaite sociale du petit bourgeois et la rend dorénavant manifeste. Pour ses collègues grands-bourgeois, en effet, le produit artisanal n'est neutre ni par son choix, ni par sa distribution ornementale. À l'occasion de ces deux actes, ils engagent leur rapport culturel à l'exotisme, fait d'impérialisme prétendument éclairé, de curiosité incongrue pour ces mondes parcourus et soumis. Prospectant de préférence en dehors des secteurs touristiques du marché, ils se procurent un objet parce qu'ils le trouvent beau en soi, qu'il les renvoie à une expérience personnelle, qu'il s'inscrit dans une entreprise exhaustive de collection ; puis ils l'intègrent discrètement à leur combinatoire esthétique, évitant tout entassement hétéroclite, acclimatant l'insolite en lui imposant cette cohérente taxinomique extrinsèque qui ordonne les musées imaginaires indigènes de la grande bourgeoisie. Cette appropriation demeure en outre largement fri-

1. *Pour une critique de l'économie politique du signe*, p. 24. Il est également fréquent que ce coopérant, dans une simulation anticipée, profite des tarifs locaux pour se faire fabriquer un mobilier d'époque, qu'il utilisera à son retour en France.

vole. Sauf exception de valeur internationale, l'objet exotique n'est jamais essentiel. Il est amusant, mais rapidement saturé, et quand la mode petite- bourgeoise, en provoquant la taylorisation d'un artisan, répand dans tout le Club un produit qu'ils ont involontairement contribué à lancer, ces grands bourgeois s'en désintéressent aussitôt. S'ils rapatrient certains objets en France, c'est généralement pour les envoyer échouer au fond des greniers familiaux, ou les utiliser à la rigueur dans une résidence secondaire sans passé.

Spectaculairement proposée à leur attention narquoise, la sarabande petite-bourgeoise de babioles exotiques déchaîne donc chez ces coopérants grands-bourgeois une malveillance allusive de classe déjà bien affûtée par le reste de leur initiation sociale vacancière. Ils admirent avec une pesante insistance les œuvres artisanales de série qu'ils retrouvent partout exhibées aux mêmes places, caressent avec une feinte convoitise la géode qui trône somptueusement, se déclarent émerveillés par l'effet saisissant que produisent certains emplois fonctionnels : le tambour-bar, la sagaie-lampadaire... ; mais entre eux, ils manquent de mots pour caractériser le goût atroce, la prétention insupportable que reflètent de leur point de vue social ces capharnaüms exotiques, cet univers de maquettes clouées et de boutres apparents.

Si cette fièvre décorative se révèle illusoire dans son principe, elle est de toute façon sans espoir, car la grande bourgeoisie met la légitimité hors de portée du simple simulacre. Bien que résultant d'un apprentissage social, celle-ci est posée et vécue par ses détenteurs comme une grâce héréditaire qui outrepasse le respect des conventions. Ainsi, leur humeur parodique peut conduire certains coopérants grands-bourgeois à se fabriquer un intérieur exotique dans le plus pur style petit-bourgeois : l'alchimie de leur souveraineté culturelle transmute alors ces amoncellements d'objets en recherche baroque jugée absolument démente par leurs pairs. La conquête de la légitimité suppose en réalité une démarche sociale tellement retorse et rigoureuse qu'elle puisse incorporer le processus même de la transmission et ouvrir ainsi dans le temps une profondeur dynastique qui libère le mythe de la distinction naturelle. Accéder à la grande bourgeoisie, c'est durant un purgatoire d'au moins deux générations réunir patiemment certains signes essentiels : nom composé, particule, localisation géographique, usages..., dont seule la conjonction est susceptible de faire la différence, de créer la discontinuité symbolique qui qualifie rétroactivement l'avoir[1].

Toute simulation immédiate, même réussie, est par définition vouée à l'échec et à la sentence grande-bourgeoise. Tel est notamment le sort réservé à l'intellectuel petit-bourgeois en vacances au Club. Depuis longtemps, ses pratiques culturelles

1. La bourgeoisie taxée de moyenne n'est que la frange ultime secrétée par la mobilité interne de la classe petite-bourgeoise. C'est ce groupe, à l'intérieur duquel les parents transmettent systématiquement à leurs enfants un niveau d'aspiration sociale et des modèles culturels qualitativement supérieurs aux leurs, qui fournit au purgatoire des félicités grandes-bourgeoises ses pénitents. Pour leurs représentants coopérants, le séjour au Club est d'ailleurs l'occasion de franchir le pas, car dans cet affrontement sans nuance ni médiation, ils se retrouvent objectivement beaucoup plus proches du grand bourgeois que du petit.

métropolitaines l'ont rompu au maniement de la plupart des codes grands-bourgeois. Cette connaissance empirique se révèle pourtant inapte à régler une relation où est impliquée toute son existence sociale, d'autant qu'il est privé dans le tiers-monde des formes culturelles marginales et des modes avant-gardistes qui donnent en France à la classe intellectuelle l'utopique sentiment de concurrencer le système dominant. Certes son aménagement intérieur de coopérant est inspiré par des conceptions décoratives respectueusement fidèles aux critères esthétiques de l'élite estivale. Mais malgré ce succès d'estime, et en dépit des connivences culturelles qui le lient à ses comparses grands-bourgeois, il est à son tour jugé par ceux-ci suivant une logique sociale de la ségrégation. Ne pouvant être attaqué à partir de la sélection ou de la mise en place de ses objets exotiques, il se voit pénalisé sur les attitudes trop contraintes et possessives qu'il est censé manifester à leur égard. Il les manipule avec une précaution maniaque, chérit ses collections et ses pièces rares, les veille jalousement, n'est nullement détaché de leur valeur marchande ; il n'oublie jamais de fermer sa voiture, vit dans l'obsession d'un cambriolage dès qu'il s'éloigne de sa demeure, alors que pour la grande bourgeoisie, l'objet est toujours reproductible, *a fortiori* outre-mer où son image de classe passe par une nonchalance et un désintérêt ostensibles vis-à-vis de ces acquêts tropicaux.

Par ailleurs, cette simulation est non seulement illusoire mais ambiguë. Se préférant fidèlement à travers les modes ambivalents de son prudent compromis culturel, le petit bourgeois, tout en cherchant à s'agréger à la classe dominante dans l'imaginaire, préserve simultanément des exigences concrètes incompatibles avec ce projet. Contrairement aux grands bourgeois, dont les traditions sociales dissocient la fortune du travail pour la lier essentiellement à la valse des patrimoines et au jeu mondain des alliances, il conçoit son avoir en termes d'accumulation individuelle laborieuse, et même s'il est plus riche que les premiers, il ne peut jamais accéder à l'impunité ou à la liberté inconséquente que ceux-ci continuent d'entretenir avec l'argent. Ainsi s'efforce-t-il outre-mer de concilier la prodigalité et l'intérêt. Il envisage doublement ses achats pléthoriques d'œuvres artisanales : comme moyen de signifier son logement vacancier, mais également comme investissement, et à l'heure du départ, il essaye de revendre sur place les souvenirs exotiques qui ne sont pas déménageables, emballant précieusement les autres pour les exposer de façon somptuaire dans sa résidence principale métropolitaine. Répondant aux incitations de ses confrères, il fréquente en leur compagnie les estaminets indigènes bon marché adoptés par l'anti-conformisme grand bourgeois ; et bien qu'il goûte peu ces encanaillements, mais préfère de loin la cuisine au beurre d'importation sur nappes à fleurs, il se félicite que cette concession à son arrivisme social favorise du même coup la réalisation dérobée d'une épargne. En alliant un certain style de réception et une économe modération il persévère dans son entêtement contradictoire. Le whisky par exemple, élément évident pour la grande bourgeoisie d'un art de vivre quotidien, est souvent peu intégré à ses habitudes culturelles de consommation alcoolique qui privilégient plutôt une farandole d'apéritifs et de digestifs totalement introuvables chez ses sobres rivaux. Afin de sacrifier à ce rituel sans renier ses propres penchants ni bouleverser son plan d'ostentation, il se livre à de petites supercheries : il transvase du whisky à bas prix dans les bouteilles de grande marque. Ou suivant la même veine, il sert des vins médiocres dont la qualité est compensée par des étiquettes anoblissantes, corrige l'ordinaire mesuré des mets par des présentations alambiquées [1]... Pour se dissimuler le sens de ces conduites d'assimilation et justifier inconsciemment leur ambiguïté, il lui arrive de marquer quelque distance avec les assistants techniques grands-bourgeois. Mais il ne fait alors que se trahir de plus belle dans son objectif équivoque de simulation. Lorsqu'il adopte par exemple les positions progressistes en vogue parmi ses jeunes confrères intellectuels, c'est dans le dessein douteux d'entreprendre la critique politique d'une classe qu'il continue ainsi d'imiter en poussant sa démarche d'identification jusqu'à ce stade autocritique prisé par tout grand bourgeois. De même s'il se montre facilement emprunté ou sarcastique à l'égard des ressortissants de la noblesse métropolitaine émigrés en coopération, cela ne l'empêche pas de chercher assidûment à pénétrer une élite indigène dont l'exotisme l'aide à lever ses inhi-

1. Autour du mode de réception s'articulent deux attitudes de classe limites. Le petit bourgeois masque derrière une prodigalité trompeuse et un souci apparent d'ostentation son rapport privilégié à l'épargne ; quant au grand bourgeois, on l'a vu, il dissimule derrière une fausse frugalité et un souci apparent d'épargne son rapport privilégié à l'ostentation.

bitions, et multiplie sa fascination secrète envers toute aristocratie. Pour peu qu'il ait épousé une autochtone, elle est immanquablement parée d'origines princières reculées que tout nouvel interlocuteur a l'avantage de se voir copieusement détailler et, autrement, il se plaît à supputer sur l'extraction présumée des femmes locales de compatriotes. Reportant sur les indigènes de haute caste qu'il peut fréquenter les images mythiques colportées par la presse européenne spécialisée dans l'altesse, il les courtise obséquieusement, commente avec fougue leur différence, leur incommunicabilité, leur distinction, leur transcendance biologique - sans oublier leur simplicité.

L'affectation populaire

En saisissant les allusions, clins d'yeux, sous-entendus qui soudent ses adversaires dans une complicité sociale persifleuse, en étant journellement blessé dans son affectivité de classe, le coopérant petit-bourgeois perçoit implicitement la vanité de ses tentatives de dissimulation, et, sinon leur fonction métropolitaine de maintien de l'ordre, du moins leur inefficacité dans une situation d'ouverture vacancière des relations. Très vite pressenti, cet échec officieux provoque à l'intérieur de son groupe l'éveil d'une solidarité défensive, dans laquelle s'abolissent provisoirement les divisions cristallisées par les indulgences grandes-bourgeoises autour de l'inégale participation à l'imaginaire aristocratique. Tout en continuant individuellement un travail machinal d'assimilation, il se signifie collectivement à travers l'autre terme de son compromis culturel et se retranche dans l'affirmation agressive d'une essence pseudo-populaire. Aux contrefaçons badines de ses contempteurs, il rétorque par une parodie acariâtre des techniques du corps et tournures linguistiques mondaines. À une pratique grande-bourgeoise qu'il caractérise par la spéculation intellectuelle, l'irresponsabilité dans le rapport à l'argent, la prétention, l'immaturité, il oppose le bon sens, l'économie prévoyante, la simplicité naïve, l'équilibre psychologique. Il renverse le processus de simulation et tente d'accréditer cette nouvelle image par une trivialité apprêtée du langage, l'affection d'une vulgarité épaisse des manières. Dans ce dernier registre, l'intellectuel petit-bourgeois est insurpassable, qui manifeste par contre quelques résistances pour adopter et soutenir les valeurs ou modèles étriqués sur lesquels se mobilisent ses camarades. Il se réclame pompeusement d'un grand-père bouvier ou d'une grand-mère qui faisait des ménages, et s'estimant ainsi adoubé, met tout son cœur outragé dans une protestation modulée qui passe par le biais d'éructations, de succions, d'expectorations, de bruits corporels non identifiés, et autres polissonneries libertaires pour tablée coopérante à dominante grande-bourgeoise.

Mais ces conduites théâtrales n'effarouchent guère leurs destinataires, encouragés depuis longtemps à s'imprégner de la sagesse du bon peuple et entraînés par leur éducation à faire de la grossièreté la forme la plus raffinée de l'élégance. Bien mieux, ils se réjouissent de voir le petit bourgeois s'enfermer dans une expression sociale qu'ils considèrent comme le complément ontologique naturel de la leur. Face à l'essence aristocratique de synthèse qu'ils prétendent incarner apparaît cette essence populaire édulcorée, caricaturale, pour ainsi constituer un couple d'oppositions dont ils maîtrisent parfaitement l'ambivalence dans leur imaginaire [1]. L'émergence d'une conscience de classe a donc pour conséquence, au sein des deux groupes, une mutuelle impossibilité d'envisager le sens direct d'antagonismes qui sont instantanément pétrifiés dans une réinterprétation mythique. Et ce dénouement social latent s'effectue à l'avantage des assistants techniques grands-bourgeois : hors de toute détermination économique ou politique, sans médiation, en pleine liberté estivale, ceux-ci peuvent vivre outre-mer une épure complète de leur relation phantasmatique à l'Histoire.

Ils feignent d'en être mortifiés, mais profitent de la provocation populaire académique du petit bourgeois pour susciter un partage culturel des rôles correspondant à cette distribution de l'univers en entités sociales. Eux-mêmes se satisfont de demeurer imprévisibles et inaltérables dans leurs humeurs, d'être les messagers souverains des normes et des codes, les esthètes, les gaspilleurs, les seigneurs de leur territoire. Quant au petit bourgeois, ils lui octroient pour principale justification de suppléer à leurs défaillances entretenues devant les basses besognes matérielles. Ils le définissent et l'apprécient à partir de ses talents manuels, de son goût du bricolage, de ses compétences en mécanique, de la pertinence de ses expertises au moment de l'achat d'une voiture au marché coopérant des occasions. Les fem-

1. Voir François de Negroni, *La France noble*, p. 118.

mes épaulent fidèlement leurs conjoints dans cette campagne de stabilisation des différences d'espèces. Elles se montrent évaporées à souhait, et prêtent une oreille stoïque aux notions de management domestique, aux conseils pratiques, aux recettes que leur prodiguent diverses interlocutrices petites-bourgeoises devant de rutilants plans de travail. Si bien que l'éclatement de la population du Club en deux archétypes a pour corollaire une exaspération des attitudes inter-personnelles fondamentales, la rancœur méprisante et la soumission des uns répondant à la fausse humilité et au paternalisme des autres.

D'amusante mais insipide, la fréquentation de leurs collègues devient alors supportable pour les coopérants grands-bourgeois. Une fois débarrassée de ses démons promotionnels, la communauté petite-bourgeoise compose à leurs yeux un monde solide, ritualisé, ancré dans des positions tranchées, gardien de certitudes sereines et séculaires. Ils investissent même ces échanges stéréotypés d'une dimension affective en leur reconnaissant une fonction sécurisante. Poussant jusqu'au bout la logique de leur personnage et de leur légitimité, ils s'estiment partout chez eux ; et autant l'invasion impromptue de leur demeure par une meute petite-bourgeoise leur est pénible, autant ils aiment débarquer en toute modestie dans ces foyers douillets pour savourer l'atmosphère tranquille, chaleureuse, traditionnelle qui s'y perpétue, participer aux relations ombilicales intenses qui y sont vécues avec la métropole. S'ils font partie des intimes, ils bénéficient du redoutable honneur d'assister aux croustillantes séances de diapositives qui n'épargnent aucun épisode des récents congés familiaux de leur hôte. Et s'ils sont particulièrement choyés, ils ont l'inestimable privilège d'être conviés à partager le rêve gastronomique de tout petit bourgeois expatrié : *manger français.* Ces événements grandioses ont surtout lieu à l'époque des fêtes. Le petit bourgeois guette son courrier, évoque mystérieusement le proche arrivage d'un paquet de victuailles, lance des invitations rigoureusement sélectives et non ébruitées. Aussi est-ce dans un silence religieux que, le jour fixé, il déballe devant ses convives un colis gras et odorant. En insistant sur la qualité artisanale de leur fabrication, il exhibe un camembert coulant, des rillettes, un cassoulet, des ficatelli, et autant de produit sentant bon le terroir qui sont dégustés dans une euphorie nostalgique. Ces fumets d'importation, symboles du confort ménager et des préparations culinaires familiales, ne sont pas, à leurs heures de déréliction, indifférents aux narines des coopérants grands-bourgeois.

3. La désunion vécue

Sous la fiction d'une unité réalisée dans la promotion générale, les assistants techniques français continuent profondément à vivre outre-mer l'indépassable vérité de leurs relations de classes. Grands et petits bourgeois s'y objectivent socialement par des affirmations, des glaciations, des retraites, des comédies réciproques, qui les réinsèrent dans le système culturel cloîtré de leur interaction habituelle, et révèlent le processus mythologique au travers duquel l'historicité de leurs contradictions s'englue dans des rapports de natures (voir tableau).

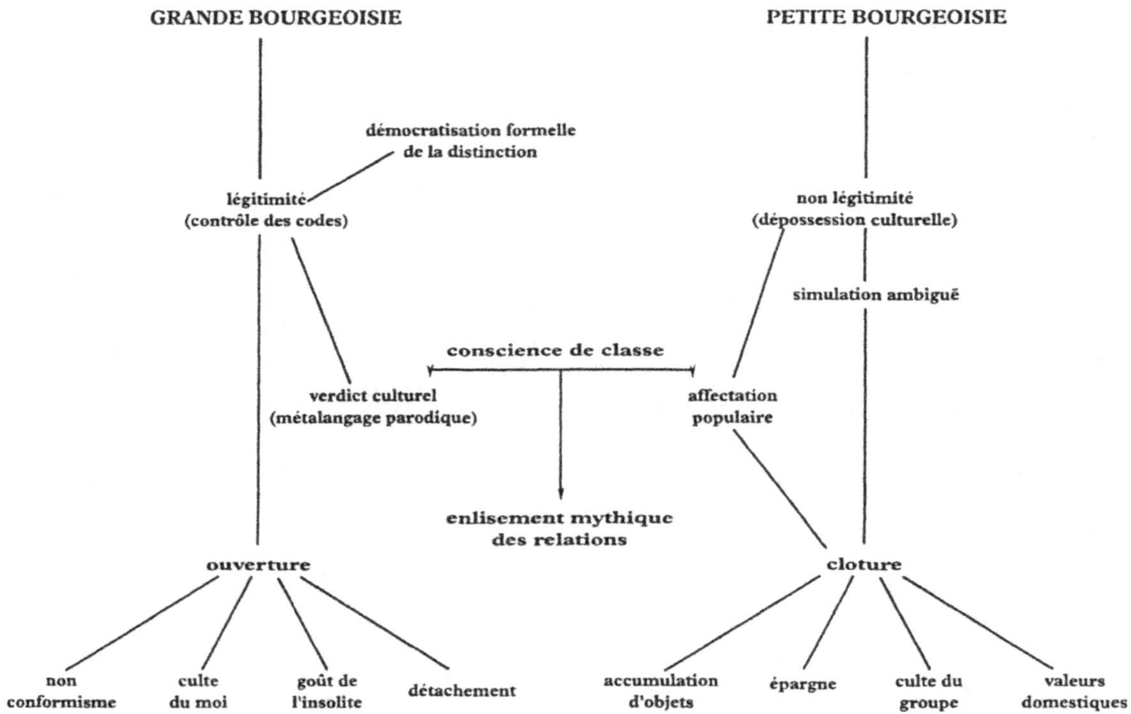

EXPRESSION CULTURELLE DES RAPPORTS ENTRE GRANDE ET PETITE BOURGEOISIE

Ces affrontements estivaux font pourtant davantage que mettre à jour un niveau d'opposition mineur, se déployant sur le mode feutré auparavant. Par la spécificité de sa composition, l'originalité de son fonctionnement, la société coopérante rend exemplairement compte d'une certaine déviation dans laquelle tend actuellement à se distraire une lutte de classes qui, en métropole comme outre-mer, laisse volontiers le prolétariat sur la touche. Transversalement au jeu politique et aux combats économiques, le discours dominant prétend développer un projet de civilisation et suggère à grand tapage le primat du culturel : qualité de la vie, mieux-être, bonheur en plus, etc. Il programme ainsi artificiellement ces fameux rassemblements au centre dont la grande bourgeoisie, jamais complètement dupe ni totalement cynique devant ses propres émanations idéologiques, se complaît à saluer l'apparition, en qui elle affirme détecter la dynamique souterraine du changement, lire l'annonce d'un nouvel ordre social voué à l'englober [1].

Mais à l'abri des élucubrations sociologiques fabriquées par sa fausse conscience, c'est en réalité une position de domination qu'elle pérennise. En

1. Les prophètes de la sérialité ou de la société du spectacle font-ils autre chose que transcrire ce discours, à travers lequel ils peuvent projeter leur situation mythique d'intellectuels déracinés et condamnés à se chercher dans les miroirs audiovisuels de la production culturelle ? Cette philosophie sociale de l'anomie, des masses, et des médias, fondée sur la sempiternelle opposition avec une communauté traditionnelle hypostasiée, apparaît dès les premières réflexions sur la société industrielle, et se perpétue depuis, d'avatars en avatars. Sous ce rapport, les analyses d'un Guillaume (*Le Capital et son double*), ne sont que l'extension universitaire ampoulée de celles d'un Giscard (*Démocratie française*).

démocratisant formellement les signes culturels élitiques ou en diffusant le mythe des valeurs naturelles, elle impose les deux alternatives d'un imaginaire collectif qu'elle contrôle et légitime dans sa production tout le long de la chaîne symbolique. Dans un cas, elle articule la demande à une recherche de la distinction dont elle détient le principe et peut sans cesse déplacer ou surdéterminer le contenu en décidant du codage des objets et de la segmentation du marché [1] : hors d'atteinte, marchande d'illusions, elle n'offre une promotion statuaire apparente que pour mieux consolider le compartimentage de cette petite bourgeoisie étendue qui, tout en restant prudemment en retrait de son imitation, piétine socialement au rythme des modes. Dans l'autre, elle attribue les frustrations causées par l'échec du processus de simulation à la modernité ou à la sacro-sainte société de consommation, voire à la culture bourgeoise, et dirige la demande vers une redécouverte du désir, un retour aux recettes vitales traditionnelles puisées dans ce tréfonds populaire utopique dont elle cultive et commercialise la nostalgie. Quant aux cas extrêmes, elle les canalise à l'intérieur de quêtes

1. Prise dans cette nécessité sociale objective de démocratiser non seulement des significations mythiques (rhétorique publicitaire, valeurs ou modèles aristocratiques de confection...) mais également certains contenus empiriques, la grande bourgeoisie utilise toutes sortes de parades pour maintenir l'accès à la distinction inaccessible dans le moment où elle la banalise et la rend publique. Si elle s'approprie territorialement un quartier, cela se traduit par une hausse immédiate des loyers ; si elle lance un goût quelconque, c'est une fois qu'elle l'a saturé et posé comme culturellement contingent ; si ses débutantes mettent des jeans, éléments d'uniformisation symbolique apparent, c'est en les intégrant à une combinatoire vestimentaire telle qu'elles ne les portent pas comme tout le mode, etc.

archaïques qui, lorsqu'elles ne réintègrent pas le leurre de la distinction par un travers néo-féodal, engendrent des affectations misérabilistes vertueuses et des structures communautaires fidèles aux mêmes images populaires [1]. En mobilisant les couches moyennes sur une volonté d'assimilation ambiguë et toujours différée, en réorientant les exclus volontaires de cet élitisme de masse vers la sagesse des grands-mères, des happy-end libérateurs ou des replis bucoliques, la classe dominante enferme donc l'expression culturelle des rapports sociaux dans sa mythologie privée. À chaque fois, elle conserve le monopole de la reconnaissance, et quoiqu'en pensent les victimes consentantes de la récupération, n'est jamais débordée, même provisoirement, par des constructions marginales qui trouvent aussitôt leur affection symbolique. Par le biais grandissant de cette imposition culturelle qui vise à faire de la maîtrise des instruments de production ou de l'appareil étatique un élément éventuellement concédable de son pouvoir, elle détourne le principe de l'exploitation en le fondant non plus seulement sur des oppositions tranchées, mais sur des alliances de classe équivoques. D'où cette aigreur larvée, caractéristique dans le monde capitaliste contemporain du ton de rapports sociaux qui procèdent d'occultations délibérées, de faux-semblants, d'allusions vaguement éventées, d'escarmouches biaisées, et qui, derrière les paravents du libéralisme avancé ou de la social-

1. Celles-ci servent en outre à défricher le terrain pour les spéculateurs tout en déplaçant les populations locales vers des banlieues urbaines ouvrières nullement phantasmatiques (voir Michel Clouscard, *Néofascisme et idéologie du désir*, p. 66).

démocratie, assurent à la grande bourgeoisie la permanence discrète de son privilège essentiel: pouvoir se reconnaître différentiellement en tant que telle.

Tout comme le service militaire ou les groupes de loisir concurrents, mais de façon plus significative puisque sans coercition ni rotation accélérée, le Club Coopération est donc une institution qui éclaire à son insu certains ressorts fondamentaux de la société française: elle tient à tous les vacanciers le même langage assimilateur pour mieux remettre chacun à sa place. Mais cette logique sociale de la vie coopérante demeure enfouie, informulée, non perçue à son propre niveau. Les enjeux véritables de cette violence culturelle sont résolument dissimulés, l'unité sociale apparente n'étant reliée à la désunion sociale implicite que par des transitions insensibles. Les deux groupes engagent ces conduites ségrégatives sans les intellectualiser ni les intégrer à la vision idyllique qu'ils veulent maintenir de leur collectivité, les frictions sociales refoulées, non explicitées, ne modifiant pas de manière visible les relations entre assistants techniques, n'infléchissant même pas la formation des sous-groupes. Cependant, la réalité vécue de cette division, qui surgit à travers les mécanismes du nivellement, est négativement confirmée par trois exemples remarquables.

Les rapports avec la société européenne locale

Les exceptionnelles relations avec la société européenne traditionnelle sont conduites par les assistants techniques de la même façon qu'en métropole, à travers une conscience vive du réseau mondain dans lequel sont impliqués les différents acteurs. Au point que si la réprobation portant sur de tels rapports n'était pas largement partagée, les coopérants seraient amenés à sans cesse se découvrir socialement et feraient éclater leur unité illusoire. Cette fréquentation épisodique n'est pas tellement le fait des ressortissants grands-bourgeois. Au moment de leur départ outre-mer, ils ont pourtant été munis par leur entourage prévoyant de carnets gonflés d'adresses prestigieuses et de recommandations au sommet destinées à atténuer le dépaysement social de leurs vacances au Club. Mais ces mini-bottins mondains locaux finissent généralement par jaunir au fond d'une valise. Leurs bénéficiaires s'abstiennent aussi bien par désintérêt devant des expériences culturelles trop connues, que pour s'affranchir symboliquement des tutelles familiales en boudant avec un beau panache la protection des membres expatriés de leur classe. Et s'il leur arrive d'accepter une invitation, c'est pour y dénigrer systématiquement le mode de vie de leurs hôtes, tenir des propos tiers-mondistes menaçants, et se rassurer pleinement dans leur intégrité en croyant ainsi scandaliser les salons exotiques [1]. Il n'en est pas de même chez leurs compatriotes petits-bourgeois qui ne peuvent s'empêcher d'être sensibles à une opportunité d'ouverture dans les rencontres sociales beaucoup plus difficile pour eux à retrouver en France. Alors, tout en observant les règles du jeu collectif et en reniant vigoureusement ces rapides collusions, ils les préparent avec soin. Les masques tombent et ces estivants à la décontraction

1. Plus ces coopérants se révèlent implicitement en tant que grands bourgeois, plus ils se désolidarisent explicitement des représentants locaux de leur classe.

agressive se métamorphosent : le blazer, la cravate, la robe bon genre sont fébrilement ressortis des armoires, les parures portées avec discrétion, les chevelures impeccablement mises en plis par un brushing maison, et, au cours de ces réceptions qu'ils affirment vivre comme de tragiques compromissions, les codes de bienséance, les choses à dire ou à taire, les protocoles d'arrivée ou de départ, font chez eux l'objet d'une attention guindée. Car ils ne voudraient pas être pris en défaut de civilité par des individus dont les mêmes usages mondains, le reste du temps, leur servent de repoussoir privilégié. En dépit de leur rareté, ces quelques interactions avec les milieux européens para-coloniaux tendent d'ailleurs à entraîner des effets induits pernicieux dans la vie coopérante. Effets dont les présupposés véritables sont ponctuellement niés suivant la logique mystificatrice interne du Club. Au niveau des couples d'assistants techniques socialement mixtes, de telles rencontres provoquent ainsi la réactualisation d'une dimension des rapports conjugaux qui paraissait provisoirement estompée dans le contexte vacancier du tiers-monde. Les deux conjoints s'épient, guettent mutuellement leur façon de se comporter, se lancent des observations sèches, font renaître entre eux une tension culturelle qui, dès leur retour au village, est destituée de son sens réel et mécaniquement articulée aux querelles ménagères du moment, ou mise sur le compte d'humeurs physiologiques passagères. Sur le plan professionnel, les relations avec ces groupes européens déterminent de façon bien significative une certaine division du travail parmi les coopérants. Leurs habitudes mondaines supposées donnent aux grands bourgeois un ascendant tacite sur leurs chefs hiérarchiques d'extraction petite-bourgeoise. En tant qu'éléments représentatifs, ils sont invités chez ces derniers avec des membres influents de la communauté européenne locale. Leur supérieur les met alors en avant, exploite leurs talents de société, et, dans une levée momentanée des tabous, les sonde même sur d'éventuelles relations métropolitaines flatteuses auxquelles il ne sera plus fait allusion ensuite. Parallèlement, ils se voient confier la responsabilité des rapports avec les autorités françaises diplomatiques ou consulaires, avec le patronat blanc, les organismes internationaux. Sans doute ces faveurs ont-elles pour motif inavoué une science du baisemain qui, au-delà des mers, ne perd pas ses droits. Mais là encore, pour les uns et pour les autres, elles se justifient ouvertement en termes de culture générale, d'art de la conversation, de personnalité brillante, et autres interprétations psychologiques tranquillisantes d'une réalité sociale non exprimable.

L'argument régional

Dans le cadre des relations entre coopérants, la seule référence à une origine métropolitaine qui soit jamais explicitement évoquée et puisse faire l'objet de discussions animées est d'ordre régional. Chacun est tenu de fournir une localisation provinciale, et si certains sont avantagés par leur appartenance nette, typée, à un groupe bien structuré, d'autres doivent trier férocement parmi leurs ascendants et effectuer un rapide travail de documentation pour se décentraliser honorablement. Or il est clair qu'outre-mer, une revendication de ce genre perd toute signification conflictuelle. Elle est coupée des enracinements culturels qui, dans son contexte national, pouvait lui donner un caractère subversif. Suivant la bonne tradition coloniale, ces particularismes régionaux sont conçus comme les expressions folklorique diverses mais solidaires d'une même présence française, et nullement envisagés d'une manière autonomiste. C'est toujours la logique des amicales – corses, bretonnes, auvergnates,... – dont une des fonctions essentielles consistait à créer une diversion et un autre mode de compétition au sein d'une société coloniale divisée par des inégalités non plus seulement implicites, mais sensiblement inscrites dans les conditions européennes de la vie sociale. Si les assistants techniques fréquentent peu ces amicales qui demeurent un bastion de la communauté blanche traditionnelle, ils utilisent l'argument identitaire de façon analogue : en tant qu'affirmation d'une différenciation périphérique permettant de désamorcer la véritable agressivité sociale qui les oppose virtuellement. De plus, dans de tels affrontements à armes mouchetées, les indigènes eux-mêmes peuvent être admis, suivant l'usage éprouvé des rivalités ethniques pour dissimuler la dimension politique des rapports humains.

Le retour en métropole

Les retours saisonniers ou définitifs en métropole sont dramatisés par le Club au cours de véritables rituels de séparation. Tout comme à leur arrivée, les clients en fin de séjour sont entraînés dans une escalade des invitations, et le jour de leur départ, le sous-groupe au complet les escorte à l'aéroport pour des embrassades, des serments d'amitié indéfectible, des ultimes échanges d'adresses, des promesses de visite. Mais en réalité, une fois rentrés en France, les ex-coopérants d'origines sociales différentes se rencontrent dans des conditions bien particulières. Que ce soit pour décrire les hordes d'amibes qu'ils prétendent abriter, déplorer la manière dont leur commun pays d'assistance se débrouille sans eux, médire rétrospectivement sur leurs collègues préférés, ou évoquer leurs plus belles blennorragies tropicales, ils se réunissent sur des terrains sagement neutralisés. Ces retrouvailles se déroulent dans des lieux publics : restaurants, cafés, dans les locaux et réfectoires anonymes d'associations coopérantes, ou dans des espaces privés maquillés en cette circonstance de telle manière que les membres rescapés du sous-groupe, plongés dans l'atmosphère exotique reconstituée de leurs colonies de vacances, aient l'illusion de se retrouver inchangés et ne puissent ainsi engager des déterminations de classe concrètement réinvesties dans leur existence. Celle-ci risquerait en effet de déflorer les délicats souvenirs de ces anciens combattants, en témoignant directement de contradictions sociales qu'ils n'assumaient outre-mer que sourdement [1].

1. Réciproquement, il arrive que certains parents viennent visiter leurs enfants coopérants dans leur village de vacances. Il faut alors voir les ruses qu'inventent ceux-ci pour soustraire pudiquement à l'observation de leurs confrères ces représentants plus que transparents de leur origine sociale.

DEUXIÈME PARTIE

LE MYTHE D'UNE DIVISION IDÉOLOGIQUE

Chapitre III

La désunion explicite

« Nous sommes venus coopérer, avec ma femme, pour un travail efficace de paix et de rapprochements des peuples. C'est cela qui nous donne l'espérance que nous ne perdons pas notre temps. Je pense aussi (un peu plus que ma femme) que tout est grâce et que la générosité de notre vie, même si elle n'est pas reconnue et perçue immédiatement, est une valeur qui ne peut se perdre. »

Interview de coopérant, *Esprit*, n° 7-8.

« Je voudrais savoir combien de cargaisons d'idéalisme en toc, de travestissements héroïques, de crécelles grandiloquentes, combien de tonnes de sympathie édulcorées et alcoolisées, combien de paires d'échasses pour noble indignation à l'usage des pieds plats intellectuels, combien de comédiens de l'idéal chrétien et moral devraient être exportés d'Europe pour que l'air y fut quelque peu assaini... Évidemment, cette surproduction pourrait donner matière à un nouveau commerce; évidemment, il y a une nouvelle affaire à entreprendre avec un petit assortiment d'idoles et d'idéalistes. Sachez mettre à profit cette indication! Qui aura le courage de tenter l'entreprise ? Nous avons en main tout ce qu'il faut pour idéaliser la terre! »

Frédéric NIETZSCHE, *Généalogie de la morale.*

Au Club Coopération, la clientèle n'est pas de celles qui se sclérosent dans un conformisme idéologique débilitant. Toujours à la pointe de la recherche en matière de loisirs collectifs, les organisateurs animent les villages avec un louable souci d'émulation intellectuelle. Ils encouragent leurs pensionnaires à personnaliser leur séjour, à lui donner une dimension spécifique, à l'intégrer dans un projet précis, et autour de ces démarches vacancières diversement signifiées, ils suscitent et entretiennent dans la société coopérante une atmosphère de compétition permanente. Chacun engage en effet, dans sa pratique estivale, une certaine conception du sous-développement, de l'indigène, de l'assistance technique, du Club, et ces manières divergentes d'envisager les implications et la finalité de leur présence dans le tiers-monde cristallisent parmi les coopérants des oppositions idéologiques ombrageuses. Sur la base de ces désaccords institués, ils s'affrontent ouvertement et spectaculairement, débattent, polémiquent, s'interrogent, se justifient; ils établissent entre eux de sévères clivages, se distribuent par affinités, fondent la constitution de fractions sur des doctrines touristiques distinctes.

Ces divisions idéologiques explicites ne sont nullement vécues par les assistants techniques comme l'intégration ou la transposition de leurs antagonismes sociaux d'origine, dont ils persistent opiniâtrement à occulter la réalité latente[1]; elles sont posées comme des contradictions pures, localement déterminées, économiquement et politiquement désinsérées, et, tout en provoquant d'autres modes de fraternité, elles permettent à la société coopérante de développer en pleine gratuité une image tourmentée de son fonctionnement qu'elle rapatrie avantageusement en métropole. À la restitution épique des conditions de l'existence outremer répond la dramatisation de la condition d'assistant technique. D'où cette littérature monocorde, nourrie de confidences, de confessions, d'enquêtes, d'interviews qui expriment le pathos de coopérants inlassablement dépeints à travers leurs problèmes, leurs états d'âme, leurs dilemmes, leurs angoisses, leurs illusions perdues, les grandeurs et les servitudes de leur métier[2]...

1. De fait, les quelques corrélations que l'on peut être tenté d'établir entre la distribution idéologique des coopérants et leur provenance sociale ne concernent que certains traits à l'intérieur des types et sont trop partielles pour être significatives (à l'exception du ressentiment brut, largement incompatible par ses caractéristiques avec l'éthique grande-bourgeoise). Si les assistants techniques vivent individuellement ces choix à travers les catégories sociales de leur classe, ce ne sont pas celles-ci qu'ils investissent dans leur rapport idéologique au tiers-monde, mais, on le verra, les catégories de la conscience occidentale.
2. Tels ces titres prometteurs d'articles ou de chapitres : «À quoi sert l'assistance technique ?» , (Christine Daure), «L'assistance technique s'interroge»(Henry Perroy), «Où va l'assistance technique ?» (Gilbert Comte), «Coopérer sans illusion» (Yves Goussault), «Les coopérants, qui sont-ils, quels sont leurs problèmes ?» (Yves Fuchs), etc.

1. LES TYPES IDÉOLOGIQUES

La répartition idéologique des assistants techniques s'effectue dans le cadre des formalités sociales d'intégration à leur village de vacances. Durant les premiers repas initiatiques qui accompagnent cette installation, les arrivants sont quasiment soumis à un examen. Interrogés sur leurs perspectives estivales, ils révèlent sans méfiance une conscience tricontinentale qui est testée avec soin, et les résultats de l'épreuve, aussitôt diffusés, aident à ranger ces novices à l'intérieur du jeu des cinq familles homologuées de la société coopérante. Ce classement de départ est contraignant mais non définitif. La vivacité de la compétition suppose des possibilités individuelles d'évolution, et en fonction de leur expérience, beaucoup d'assistants techniques traversent des phases instables de dépassement ou de rupture idéologiques qui les conduisent à transhumer d'une fraction vers une autre.

La recherche de l'innocence

Les nations sous-développées constituent de magnifiques réserves naturelles où l'on peut encore prendre le temps de vivre et de jouir. Terres de rêve, elles abritent des printemps éternels, des sites inviolés, une faune captivante, des filles superbes, des petits garçons complaisants et demeurent largement épargnées par l'expansion d'un mode d'existence occidental fébrile et aliénant. Au cœur de ces foules jeunes, ignorantes de l'agressivité moderne dans les rapports quotidiens, la sensualité, la gaieté, la spontanéité, la musique, la danse, la fête, l'oisiveté sont des données permanentes de l'expérience humaine qui réenseignent « le bonheur et l'innocence, opposés à une société qui approche les sommets de l'abrutissement et prétend y hisser toute l'humanité [1] ».

Pour ces coopérants, le passage au Club est à la fois l'occasion d'une libération des frustrations métropolitaines et d'une nouvelle affirmation de la vie. Dans ce tiers-monde préservé et enchanteur, ils profitent de privilèges considérables, sont en position de totale impunité par rapport à leurs normes habituelles, et peuvent fastueusement s'abandonner aux flux soudain décodés de leurs désirs. Ce séjour correspond chez eux à une insurrection du principe de plaisir, à une explosion d'irresponsabilité, à une surabondance de l'instant. C'est l'heure du grand éclatement vacancier, mené dans toutes les directions, notamment par beaucoup de conscrits qui vivent d'emblée leur service outre-mer selon les mécanismes ludiques de la permission et créent ensemble les phalanstères agités de la bringue perpétuelle [2]. Ce dévergondage exotique est soumis à l'alternance du calme et de la volupté, de la sérénité et de l'égarement. Il passe par l'épanouissement mesuré du corps à travers la discipline sportive, l'effort physique, la vie de plein air, et par l'ivresse de sa dévastation dans l'alcool, la drogue, la débauche, le dérèglement ; par la relaxation, l'onirisme, l'errance

1. Jean Chatenet, *op. cit.*, p. 48.
2. On retrouve la même attitude chez de nombreux « missionnaires » (professeurs, conseillers, experts,...) qui placent leur court passage outre-mer sous le signe du défoulement accéléré : il s'agit pour eux de tirer le maximum de jouissance du minimum de temps. Ce qui offre des spectacles hauts en couleur, tel celui fourni par la cuistrerie débridée du mandarin universitaire en vacances conjugales.

solitaire, l'appropriation contemplative de la beauté et des espaces vierges, comme par l'exaltation lyrique de l'action collective, le goût du risque, du dépassement de soi, de la démesure. Locomotives de boîtes de nuit, casanovas de brousse, partouzeurs de cités, crapahuteurs de pistes, exterminateurs du monde animal, chasseurs de sons et d'images, collectionneurs de pittoresque, lézards de piscines, naturistes de lagon, les coopérants en quête d'innocence, chemises au vent et bermudas fleuris, explorent ainsi allègrement les multiples voies tropicales d'accès au plaisir. Le tiers-monde pour eux, c'est à la fois le bronzage et les nuits blanches, le farniente et le far-west. Un univers où tout est possible, comme les en persuadent certaines épaves mégalomanes de l'aventure coloniale qui meurent à crédit dans les bars indigènes et dont ils écoutent avec attendrissement les récits.

Ils assument leur situation historique d'assistants techniques sans déchirements intellectuels notoires. Sans doute la coopération est-elle nécessaire, car seuls les apports du progrès technique pourront contribuer à juguler la misère et la maladie. Mais ce n'est pas une raison pour se prendre au sérieux, ou s'accabler d'obligations morales et de tracas politiques. Il suffit d'accomplir son travail correctement : « Une fois que nous avons servi notre employeur avec le minimum de dévouement et exactement comme nous le ferions pour un employeur français, ce n'est pas nous qui devons nous torturer de remords masochistes et inutiles [1] ». Quant au salaire, c'est une gra-

1. *Esprit*, *op. cit.*, p.89.

tification donnée par surcroît qui n'engendre nulle considération mélancolique sur l'inégal partage planétaire des bénéfices. Il fournit un argent de poche confortable, et comme « cette primauté des loisirs n'exclut pas un souci constant de saisir les occasions de profit [1] », il permet parallèlement, et sans privations, d'épargner en vue du retour aux réalités post-vacancières. Loin d'être existentiels, les uniques problèmes que pose à ces coopérants leur présence dans le tiers-monde sont journaliers et pratiques : ils concernent l'acheminement du courrier, les transports, la scolarisation des enfants, les conditions climatiques, sanitaires et de ravitaillement. Encore ces petits inconvénients demeurent-ils largement subalternes dans le contexte tropical radieux de ce séjour : « les conditions de santé étaient mauvaises, les rations alimentaires insuffisantes, il n'y avait pas de facilité d'éducation, mais il y avait une telle joie de vivre [2] ! »

Leurs relations avec la population indigène ne trahissent aucune préoccupation d'ordre ontologique et sont négociées en fonction des thèses vulgarisées du relativisme culturel. Toutes les coutumes sont respectables, même si elles paraissent saugrenues, et les gouvernements assistés, trop naïvement éblouis par le mirage de la civilisation moderne, doivent se garder de sacrifier leurs traditions et leur folklore. Lorsqu'on voyage, il est indispensable de savoir s'adapter sans façons aux usages locaux : la communication inter-ethnique n'est qu'une question de

1. « Volontaires de l'aide technique », *Esprit*, *ibid.*, p. 147.
2. Recueilli par D. Harari, *op. cit.*, p. 25.

tact, de bon sens, de capacité individuelle à l'échange de sympathie et contrairement à ces assistants techniques bourrés de complexes malsains, il faut l'aborder avec simplicité et naturel. Après tout, les autochtones sont des hommes comme les autres : convenablement habillées, les petites indigènes seraient parfaitement sortables en France.

Archétype : l'éco-sexologue

Les alizés regonflant à son profit quelques-unes des baudruches idéologiques du temps, ce coopérant se persuade parfois que son exubérance estivale procède d'un soulèvement de la vie. Le tiers-monde devient pour lui le lieu d'une régénération possible, et durant son passage, il s'astreint à un déconditionnement culturel, à « une sorte de dépouillement qui lui révèle sa vérité d'occidental, lié à une civilisation de l'égoïsme, de la richesse, de la puissance[1] *». Dans le tout venant des calembredaines écologiques, il puise des thèmes qu'il projette sur l'univers indigène traditionnel. Il part en pèlerinage dans les communautés villageoises et chaviré par une hospitalité mécanique qui lui fait oublier sa complète extériorité, y découvre pêle-mêle la croissance zéro, les plantes qui guérissent, la nourriture macrobiotique, le refus de la valeur travail et de l'échange marchand, l'expression corporelle libre, une société à la fois sans école, sans classes et contre l'État... Pour peu qu'il ait recours aux guides locaux patentés de ce tourisme ethnographique, il obtient le privilège d'assister à certaines cérémonies indigènes où il surprend des pratiques magico-religieuses pseudo-secrè-*

1. *Esprit*, *op.cit.*, p.59.

tes, s'initie aux effets d'hallucinogènes. Et point n'est besoin qu'il abuse de ces derniers pour chercher dans les premières les signes ésotériques témoignant de ces âges ou de ces astres lointains qui gravitent dans sa métaphysique d'avant-garde. De la même façon, il investit dans son existence vacancière, les directives diffusées par le prêche sexologique contemporain. Émoustillé par les facilités et les plaisirs qu'offrent la sexpatriation coopérante dans le tiers-monde, il interprète spontanément ces données tropicales de la compétition amoureuse en termes de révolution sexuelle[1]*, et s'attache à promouvoir sa libération morale et psychologique. Dans cette société indigène docile, soupape préservée de la libido occidentale qu'il perçoit comme un univers sans répression, il vibrionne avec un bonheur inédit parmi ses phantasmes les plus sophistiqués, tâte des aphrodisiaques locaux, se livre à des pratiques érotiques savantes qui allient la pluri-disciplinarité et les exercices de groupe. Au contact du grain de peau exotique, il ne manque pas d'éprouver les vertiges prévus en s'éveillant à sa propre innocence, et de cette expérience touristique du défoulement ultra-marin organisé, il tire vite la conviction qu'il est en train d'accéder à une totale reconnaissance de son corps, de tendre vers la normalité du comportement désinhibé prescrite par les nouveaux gardiens de l'ordre sexuel.*

Cette double révélation peut conduire l'éco-sexologue à prolonger son séjour outre-mer une fois son contrat de coopération révolu. Non pas d'ailleurs pour cultiver la rizière et le pan-sexualisme dans le paradis primitif retrouvé, mais pour perpétuer au soleil un misérabilisme marginal à l'occidentale. Il se range para-conjugalement

1. Cf. chap. 1.

avec une indigène et afin de ne pas dissiper ses précieuses économies d'assistant technique, subsiste en se livrant à de petits trafics, en organisant des charters sur des voiliers locaux, ou encore en fabriquant et vendant diverses pacotilles exotiques dont les surplus alimenteront les souks universitaires métropolitains.

Idéologues : Jaulin, Mazières, Pauwels, Servier...

Le ressentiment brut

Les choses sont ce qu'elles sont, et le sous-développement est un phénomène parfaitement régulier. Désavantagées par la race et le climat, certaines sociétés ont fait l'Histoire buissonnière : elles se sont montrées incapables de s'intégrer au processus linéaire de l'évolution humaine, en sont restées à un stade primitif, et se trouvent maintenant justement pénalisées. Elles accusent un retard chronologique considérable et facilement quantifiable si l'on examine leurs performances : en additionnant, au niveau du tiers-monde, les nombreux paramètres statistiques concernant le taux d'alphabétisation, l'espérance de vie, la consommation d'énergie, le nombre de calories, de protides, de dollars par tête d'habitant, etc., on obtient un score dérisoire par rapport au standard occidental moyen. Ces pays sous-développés ont voulu à tout prix l'indépendance et subissent en plus le passif d'une émancipation prématurée : ils ne peuvent absolument pas progresser par eux-mêmes et s'en remettent évidemment à l'infinie complaisance du monde civilisé afin d'essayer de se tirer d'affaire.

Pour ces assistants techniques, aller coopérer n'a rien d'une sinécure. À leur arrivée outre-mer, les logements ne sont souvent pas prêts et quand ils en prennent enfin possession, ils constatent que l'électroménager y est en panne, qu'ils sont mal entretenus, manquent de meubles et ne correspondent pas aux normes d'hébergement promises par des prospectus du Club. Dans ces contrées arriérées, rien ne fonctionne normalement : les taxis sont brinquebalants, les trains poussifs et surchargés d'un bétail à la fois humain et animal, les routes inexistantes, les communications téléphoniques soumises à un incessant brouillage, et les équipements laissés par la colonisation tombent en décrépitude. L'environnement est complètement pourri. À des conditions naturelles pénibles et menaçantes de maladies mystérieuses ou incurables s'ajoute l'absence d'hygiène d'une peuplade plus que douteuse qui baigne dans une répugnante pouillerie : les enfants sont malpropres, les hommes dégagent une odeur écœurante, et toutes les femmes sont plombées. La crainte de ces contacts, la hantise de la saleté et de la contagion obligent à prendre quantité de précautions ; les microbes et parasites divers sont combattus à grands stocks de nivaquine, de permanganate, de DDT, de calcium, de pénicilline, de condoms ; les domestiques ont leurs sanitaires particuliers ; les produits et les aliments du pays sont systématiquement dépréciés et évités ; l'exotisme ne suscite qu'indifférence ou méfiance et si, d'aventure, le village de vacances est déserté, c'est au profit d'une de ses répliques touristiques climatisées.

Quant aux autochtones, ils sont non seulement

malsains, mais irrémédiablement paresseux, sournois, butés, arnaqueurs. Continuellement, il faut houspiller un boy cossard, surveiller sa voiture ou son sac à main, se garder des mille mains d'une foule voleuse et vicieuse, rabrouer les mendiants professionnels, discuter pied à pied pour ne pas se faire truander, râler contre les tracasseries et les brimades infligées par une fonction publique locale tentaculaire [1]. Ces indigènes sont à peine descendus de leurs arbres et demeurent handicapés par l'archaïsme de leurs mœurs, bloqués par l'irrationalité de leurs structures sociales, enfermés dans leur inaptitude à l'abstraction, leurs superstitions, leur mentalité magique. « Ils sont aussi paralysés devant un outil technique complexe que peut l'être un enfant devant un téléphone dont il a à se servir pour la première fois [2]. » Travailler avec eux est particulièrement ingrat et exaspérant. Ils ne comprennent jamais, rient sans cesse bêtement, s'expriment par des gesticulations indéchiffrables ou dans un français ampoulé tout aussi grotesque. Ils ne réagissent pas, sinon au bakchich ou à la trique, sont radicalement incompétents, et d'une manière générale, « il n'y a rien à en tirer [3] ». Raisonnablement, on ne peut songer à leur faire rattraper deux mille ans de civilisation en quelques décennies. S'ils refusent d'entrer dans la vie économique moderne, s'ils ne voient pas où est leur intérêt et s'obstinent dans des comportements illogiques, c'est leur problème. Mais tous ces milliards

1. *Esprit*, *op. cit.*, p. 50.
2. *Ibid.*, p. 56.
3. Jean Chatenet, *op. cit.*, p. 39.

gaspillés en leur faveur pourraient être mieux employés.

Cependant, la pénitence outre-mer est largement compensée par ses contreparties matérielles. Ces assistants techniques surmontent leur ressentiment dans l'utilitarisme à moyen terme. La passion du gain galvanise leur existence quotidienne et ils endurent stoïquement le tiers-monde afin de faire du CFA, du FMG, du Kip, ou du Dinar. Les préoccupations d'argent, loin d'être honteuses, sont magnifiées ; ils calculent ouvertement, avec patience, planifiant leur temps d'exil en fonction des crédits qu'ils ont souscrits et de leurs acquisitions immobilières métropolitaines. Il n'y a pas de petits profits et tous les procédés sont légitimes pour accumuler davantage. Ils pratiquent l'austérité maximum qui soit compatible avec la vie sociale coopérante, subsistent sur des budgets exsangues, ne branchent leur chauffe-eau qu'une fois par semaine pour un bain familial à la chaîne; ils exploitent les possibilités d'épargnes liées à leur fonction, utilisant à leur usage les véhicules de service, les bons d'essence, gonflant leurs frais de mission; suivant le rythme des congés et la logique du pacte colonial, leurs cantines voyagent dans un sens pleines de produits manufacturés européens et repartent dans l'autre chargées des objets intéressants collectés sur place; ils rentabilisent la force de travail de leurs épouses, se livrent à des activités lucratives parallèles, revendent à bon prix voitures détaxées et billets d'avion; ils sont les usuriers impitoyables de l'assistance technique et moyennant des intérêts importants, laissent transiter sur leur compte bancaire les capitaux indigènes en fuite, etc.

Cette recherche de la bonne affaire les amène vite à s'introduire dans le réseau traditionnellement roublard des petits blancs et à tirer parti d'un système de copinage où l'on se refile tuyaux et adresses, où sont divulguées les combines. C'est également l'occasion de ressasser entre connaisseurs les éternelles récriminations contre les autochtones, de narrer les dernières grivèleries du boy ou de brocarder ces coopérants qui sont engoncés dans leurs problèmes intellectuels. Redoutables procéduriers, jamais grugés, ils harassent les services administratifs de France et d'outre-mer par leurs interminables requêtes, par leur puissance de négociation dans l'établissement des contrats.

Ils n'ignorent rien de leurs droits et les revendiquent pointilleusement, à la grande irritation des gentils organisateurs qui aiment miser sur l'ignorance de leurs pensionnaires et concéder comme une faveur personnelle la moindre application légale de ces prérogatives. Au sein des chétives organisations syndicales coopérantes [1], ils sont les plus acharnés, et se battent avec fureur pour obtenir des réajustements de traitement, des autorisations de transfert, des titularisations, des réintégrations, un statut...

Avec la population indigène, ils vivent un rapport équivoque. Selon eux, le racisme est la chose au monde la mieux partagée, et ils s'estiment les moins

1. Cette faiblesse de l'activité syndicale s'explique à la fois par la composition sociale du Club et par l'ambiguïté d'une telle revendication : beaucoup de coopérants progressistes, qui se considèrent localement comme d'insupportables privilégiés, refusent en effet de lutter pour l'amélioration de leurs avantages matériels (voir plus loin).

hypocrites parmi les assistants techniques. Mais il faut bien composer avec l'époque et avec les significations collectives véhiculées par le Club qui interdisent de se laisser aller trop ouvertement à ce type d'attitude, sinon par le biais camouflé des enfants. Aussi s'adonnent-ils à un racisme de substitution. Dans la hiérarchie de leurs répulsions, ils trouvent toujours pire que les autochtones : suivant les cas, ce sont des Indiens, des Grecs, des Libanais, des Chinois, des Comoriens et autres minorités léguées par la colonisation et converties dans le commerce ou la domesticité. Ces groupes allogènes, pour des raisons économiques, sont généralement l'objet d'une forte hostilité de la part de la société locale. C'est donc impunément que ces coopérants peuvent déverser sur eux leur haine réprimée de tout indigène, les inonder du torrent de leurs préjugés et de leur dégoût. Ils tirent même de ce transfert d'agressivité une certaine indulgence pour leurs assistés. Par comparaison, ceux-ci apparaissent en définitive plus naïfs que retors. Ils sont avant tout victimes des potentats ambitieux qui les ont entraînés malgré eux dans l'aventure désastreuse de l'indépendance pour pouvoir rouler en Mercedes et collectionner des villas sur la Riviera. Aussi, à partir du moment où ils se tiennent à leur place, évitent de jouer aux petits malins, et manifestent de la gratitude, il n'est pas inconvenant d'entretenir avec eux quelques relations paternalistes. Ces bons bougres, il faut quand même essayer de les en sortir.

Archétype : le technocrate autoritaire

Lorsqu'à la loterie des affectations il obtient la responsabilité d'une opération de développement rural, ce coopérant peut enfin s'assumer triomphalement dans son ethnocentrisme. Il est maître d'œuvre d'une expérience qui engage totalement sa vision du tiers-monde et son appréhension de l'indigène, et il s'épanouit insolemment en technocrate autoritaire du changement social. Puisque le sous-développement se pérennise à travers l'autosubsistance, une organisation collective qui freine l'initiation individuelle, et des traditions de prodigalité, il n'y a selon lui qu'une manière réaliste d'en finir, c'est d'insérer le monde rural dans le cadre formel de l'exploitation capitaliste : les paysans, bien dressés sur le plan technique et soigneusement dirigés, se transformeront alors tout naturellement en entrepreneurs et dégageront un surplus qui permettra l'industrialisation du pays. Quant aux philosophes du développement, aux démagogues de la participation populaire et de la vulgarisation, ou aux sociologues du bon sauvage, ils peuvent faire du social, si cela leur chante, dans des zones limitrophes, mais qu'ils ne prétendent pas résoudre le problème de la productivité et de la rentabilité.

*Il aménage donc un périmètre en équipements de toutes sortes (infrastructure, réseau hydraulique, défrichement,...) et distribue des lotissements à ces paysans pilotes voués à libérer en eux l'*homo oeconomicus *qu'étouffe le carcan communautaire villageois. Cet* homo oeconomicus *agricole n'a jamais existé nulle part, mais le coopérant technocrate en détient une définition universelle. C'est l'exploitant propriétaire d'une terre considérée comme un moyen de production anonyme dont il tente* *d'obtenir le plus grand rendement possible ; l'élevage lui fournit un capital d'exploitation en tant qu'auxiliaire de l'agriculture ou en tant que production directe ; son objectif est l'enrichissement individuel et il tient ses comptes d'exploitation et d'affectation, se crée un capital de roulement par autofinancement ou emprunt, investit dans un capital fixe ; enfin, l'*homo oeconomicus *est chrétien et se repose le dimanche.*

Il arrive que les indigènes n'entendent guère le langage du capitalisme naturel, dont les présupposés sociologiques signifient à terme l'exténuement de leur système culturel. Mais l'encadrement est là pour forcer la compréhension de paysans d'autant plus assujettis à cette opération de développement qu'ils doivent généralement rembourser par leur travail les parcelles qui leur ont été attribuées. La résurgence des coutumes incohérentes ou la persistance de la mentalité gaspilleuse sont combattues sans relâche, font l'objet de mesures disciplinaires, et dans les cas extrêmes, la gendarmerie est même appelée à pacifier certains périmètres ; réciproquement, les artisans les plus méritants de cette accumulation primitive reçoivent des médailles ou sont cotés sur des tableaux d'honneur. Si bien que lorsque le coopérant technocrate daigne descendre sur le terrain, dans un grand nuage d'insecticide, on lui présente des producteurs sélectionnés, soumis, dociles, et des bilans satisfaisants qui le renforcent dans sa conviction la plus profonde : il n'y a qu'une méthode payante avec ces indigènes retardés et désobéissants, la fermeté.

Idéologues : Bonnefoux, Cartier, Soustelle...

Le ressentiment travesti

Le sous-développement est le sort tragique des peuples trop longtemps demeurés dans l'ombre de l'Histoire. La colonisation, malgré ses défauts et des bavures qu'il est sage d'oublier, a eu le mérite d'ouvrir ces sociétés écartées au monde moderne : elle a imposé la paix, apporté la médecine, crée des infrastructures, amorcé la mise en valeur des ressources et a réussi à conduire progressivement les hommes à prendre en main leur propre destin politique. Mais pour des États jeunes et sans expérience, la tâche était écrasante, et le tiers-monde est mal parti. La situation reste catastrophique : les rythmes démographiques sont alarmants, on va à la famine, le niveau de vie régresse tandis que les besoins augmentent, les fléaux, la pénurie, la mendicité demeurent inexpugnables. L'existence de ces populations exclues, dépossédées, constitue le scandale de notre temps. Même si l'état de sous-développement procède largement d'une incapacité culturelle à évoluer, on doit abolir tout scepticisme égoïste, ne pas parler d'infériorité mais de pays en voie de développement, et parier sur l'universalité de la nature humaine. Il appartient à l'Occident de répondre au défi de la misère et d'épauler ces nations parias, en aménageant équitablement le système commercial international et en les aidant ponctuellement à vaincre leurs difficultés, à réduire leurs handicaps, à rattraper leur retard technologique. La coopération est non seulement un devoir, mais un grand dessein pour les hommes de bonne volonté qui désirent bâtir un monde plus juste.

Ces assistants techniques travestissent leur ressentiment dans l'idéalisme à long terme, domptant leur répugnance immédiate par la mansuétude, sublimant leur dégoût dans la pitié. Ils regardent le tiers-monde au fond des yeux et assument la disette rurale, l'insalubrité, la mortalité infantile, les bidonvilles, la délinquance. *Je suis mal dans ta peau.* Ils infligent à leur entourage la gravité de leur masque, leur attitude empesée, leur perpétuel affairement. Tout chez eux est prétexte à la noble indignation : le dénuement des enfants, la corruption des fonctionnaires, la prostitution, le comportement mesquin des étrangers. Ils tancent publiquement les élites autochtones, les adjurant de renoncer à leurs dépenses somptuaires qui sont une insulte pour les indigents ; ils conspuent leurs compatriotes coopérants sans foi ni loi et conseillent vertement à ceux qui ne pensent qu'à s'amuser ou à se remplir les poches de faire au plus vite leur valise ; ils dénoncent les investissements non productifs, s'élèvent contre les planificateurs en cravate qui s'imaginent tout résoudre de leurs bureaux climatisés, et fabriquent un secteur moderne coupé de la nation [1].

1. A la base de tout engagement tiers-mondial idéaliste, on retrouve ces vertueux apitoiements chrétiens devant le scandale de la pauvreté. Un coopérant dépeint par Gilbert Cesbron s'en explique limpidement : « Le dimanche, après l'office, ma mère nous emmenait toujours dans une pâtisserie. Là je mangeais des gâteaux autant que j'en voulais. Une fois, j'ai commis l'imprudence de me retourner vers la devanture, et j'ai vu un pauvre qui me regardait m'empiffrer... Je me rappelle que j'ai vomi. J'en ai assez d'être toujours du bon côté de la devanture, vous comprenez çà ? ». (*Je suis mal dans ta peau*, p. 220). On dirait presque Jean Ziegler : « Pourquoi ma révolte ? Et bien voilà : j'ai un fils de cinq ans. Il mange, il boit du lait tous les jours. Et tous les jours, à chaque repas, en le regardant, je suis hanté par les yeux des gosses que je rencontre tous les ans au nord-est du Brésil, au Maragan, au Pernanbouc... » (*Le Nouvel Observateur*, n° 595). Apparaît généralement ensuite l'argument du caniche américain qui consomme plus de calories en une journée que le petit Indien en une semaine, etc.

Pour eux, le développement est un projet qui transcende la simple croissance économique. Ce n'est pas une question de capitaux, mais une affaire d'hommes. Le progrès passe par une conscientisation des indigènes, une sensibilisation des masses aux données négatives de leur environnement naturel et social, une participation des intéressés à leur promotion collective. Les coopérants, dans le cadre comme en dehors de leurs activités, doivent être « un ferment d'éveil [1] », susciter le sentiment national et la foi dans le développement, contribuer à métamorphoser les mentalités, à révolutionner les structures. En décentralisant leur action, en misant sur le facteur temps et sur l'éducation des adultes, en touchant particulièrement les cadres moyens, ils peuvent créer au sein de la population des agents du changement concernés par leur avenir, « former des hommes debout, responsables, d'esprit critique [2] ». S'ils n'ont pas à étaler un pessimisme injustifié, ils ne sont pas là non plus pour farder la réalité. Respecter leurs protégés autochtones, c'est leur dire la vérité et les persuader qu'il est urgent de lever les freins au développement imputable à leur système socio-culturel. Il faut que les paysans abandonnent leurs coutumes destructrices, fassent éclater les viscosités lignagères, s'organisent entre eux et cessent d'émigrer vers les villes, que la bourgeoisie locale investisse sur place et consomme les produits du pays, que l'administration lutte contre l'oisiveté et donne l'exemple en allant aux champs, que les étudiants

1. *Esprit*, *op. cit.*, p. 16.
2. *Ibid.*, p. 110.

s'intéressent aux problèmes concrets, fassent des séjours en brousse et ne s'expatrient plus, que les jeunes bousculent les archaïsmes surgelés et se libèrent des pesanteurs familiales. Non pas d'ailleurs que toutes les traditions soient nécessairement mauvaises : il serait désastreux, par exemple, que disparaissent ce sens de l'hospitalité ou cette qualité des relations humaines tellement appréciables dans le tiers-monde. L'idéal, pour ces pays, est plutôt de parvenir à intégrer la modernité tout en gardant le bénéfice de leur différence, de concevoir un modèle qui tienne compte de leur identité culturelle. Une fois détruits les blocages sociaux et technologiques qui entravent leur épanouissement, les indigènes seront en mesure de réaliser une synthèse harmonieuse entre leurs valeurs propres et celles qui viennent de l'extérieur, de les confondre dans un projet de développement original.

L'élaboration de cet humanisme plénier suppose un personnel français particulièrement exemplaire. « Étant donné la masse des qualités que l'on devrait exiger d'un coopérant, seuls de rares apôtres pourraient prétendre exercer ce métier[1]. » Et ces assistants techniques, « modestes maillons de la grande chaîne des hommes[2] », connaissent leurs insuffisances et les déplorent. Mais ceux qui « veulent s'engager dans le grand combat pour le développement[3] » savent aller jusqu'au bout d'eux-mêmes. Toujours prêts, « acceptant de donner gratuitement de leur

1. René Dumont, *L'Humilité du coopérant*, *op. cit.*, p. 171.
2. François N'Sougan Agblemagnon, « L'assistant technique », *Connaissance de l'Afrique*, n° 22, p. 13.
3. *Esprit*, *op. cit.* p. 160.

temps et de leur peine[1] », ils restent pourtant humbles et réceptifs, car « c'est celui qui donne qui doit s'adapter et être disponible[2] ». Ils surmontent les découragements devant les échecs et les résistances qui accueillent trop souvent leur message d'espoir et s'efforcent de demeurer bien motivés, imprégnés du sens de leur mission, « d'avoir l'esprit pionnier[3] ». Pour préparer la relève, ils travaillent en étroite concertation avec leurs homologues indigènes, et convaincus que « tous les deux doivent apprendre en même temps, l'un de l'autre et de leur action commune[4] » , se montrent pesamment attentifs à leurs remarques ; s'ils les conseillent parfois ou les gourmandent le cas échéant, c'est sans jamais s'ingérer dans tout ce qui relève de la souveraineté nationale. « J'estime qu'étranger dans un pays qui m'accueille, je n'ai en aucune manière à m'immiscer dans ses affaires intérieures[5]. » Physiquement, ils se veulent aussi solides que moralement. Le métier de coopérant implique une mobilisation et une tension nerveuse constantes qui perturbent fâcheusement l'équilibre familial tranquille auquel ils aspirent, leur pose de graves responsabilités vis-à-vis des femmes et des enfants. Mais on n'a pas à être comptable de ses horaires ni économe de sa santé quand on se dévoue à la cause du développement. Il ne faut pas craindre de payer de sa personne, de se salir les mains ; les vrais problèmes sont au ras du sol et tout

1. *Ibid.*, p. 127.
2. *Ibid.*, p. 103.
3. *Ibid.*, p. 123.
4. C. Humbert, *Conscientisation*, p. 6.
5. *Esprit*, *op. cit.*, p. 103.

assistant technique débarquant devrait accomplir son baptême du feu et descendre sur le terrain pour se frotter aux réalités concrètes du milieu. Eux-mêmes s'y risquent bien, après avoir pris toutes les précautions préventives possibles et s'être munis d'une cargaison de médicaments qu'ils ingurgitent fébrilement en catimini durant ces escapades en brousse.

Lorsqu'ils sont las de porter le fardeau de l'homme blanc, ces coopérants s'accordent néanmoins quelque répit. Ils réunissent autour d'un barbecue ou de brochettes des confrères français et autochtones, puis convient ces joyeux invités à pratiquer dans une cordiale mixité divers jeux de vieux campeur : boules, ping-pong, volley-ball ; ils font des intrusions rapides à la piscine ou sur les courts de tennis ; ils apparaissent épisodiquement à des soirées de l'assistance technique. Mais si, à ces occasions, ils perdent leur componction habituelle, c'est pour extérioriser leur décontraction d'une telle manière qu'elle témoigne à son tour du poids de leur charge. À travers leur volonté d'animation, leur fantaisie appliquée, leur conjugalité grassement épanouie, l'énergie qu'ils mettent à se régénérer corporellement dans de saines fatigues sportives, l'indulgence qu'ils affichent envers leur frivolité passagère, ils n'arrêtent pas de suggérer que cette détente instituée n'est pas un luxe superflu, mais le moment de récupération nécessaire dans l'économie d'une existence de devoir surmenante. Car ces missionnaires ont la bonne conscience ruisselante. Leur conception de l'aide leur permet de connaître les émois d'une charité active en conservant les avantages liés à leur statut. Ils se sentent au-dessus de tout soupçon, justifiés dans leur action par rapport à la société assistée, à la métropole et à eux-mêmes. Aussi l'argent qu'ils gagnent ne fait-il l'objet d'aucun embargo moral: il est la récompense légitime de leur abnégation, et ce qui n'est pas mystérieusement épargné finance un train de vie confortable, un personnel stylé, et des acquisitions exotiques dont ils tirent d'ailleurs un argument supplémentaire en affirmant généreusement dépenser l'intégralité de leur salaire sur le pays.

Leurs relations avec la société indigène sont fondées sur des nécessités contradictoires. Leur volonté paternaliste de fréquenter les autochtones, de les traiter en êtres dignes et responsables, a pour corollaire un besoin absolu de reconnaissance, le désir impérieux d'être considérés comme indispensables. Tout en claironnant que « l'objectif d'un coopérant honnête est de travailler à devenir inutile au poste où il est[1] », ils ne peuvent envisager sérieusement que l'on puisse un jour se passer d'eux. Si bien que cette double exigence entraîne de leur part des conduites complètement artificielles. Ils imposent directivement le fonctionnement démocratique de leurs rapports de travail mixtes: *Grâce à moi, vous pouvez et devez vous exprimer librement;* au point crucial d'une discussion, quand l'assistance indigène, bien mise en condition, attend d'eux un avis décisif, ils se retranchent onctueusement derrière les principes de leur déontologie de coopérants: *Je ne dois pas aborder ce*

1. *Ibid.*, p.66.

sujet, je n'ai pas à intervenir dans vos problèmes domestiques, mais comme vous le voyez, vous ne pouvez rien faire sans moi; utilisant l'argument favori de leurs prédications: 85 % de la population est rurale, ils placent les interlocuteurs urbains en face de leurs responsabilités nationales, suscitant chez eux une réaction de crainte et d'incertitude qu'ils se hâtent de calmer: *je suis là;* ils se complaisent avec les autorités locales dans des dénominations ronflantes, dans des discours et des congratulations réciproques sans fin: *Je vous aide, je vous aime - merci, nous aussi - merci pour votre gratitude, etc.* Mais si leur attente est déçue, si les autochtones ne jouent plus le jeu, ne leur retournent pas le compliment et prétendent s'accommoder de leur départ, leur susceptibilité s'éveille furieusement. Ils éclatent en reproches aigres, couinent, tombent en dépression, recourent au chantage affectif, à la mise en cause spectaculaire de leur présence: *Je me suis exténué pour tenter de vous développer, vous ne l'avez pas compris, tant pis pour vous.* Ces dames patronnesses, pour perpétuer l'euphorie d'un apostolat clair et assumé, ne peuvent vivre que sur des images pieuses [1].

Archétype: le socio-économiste

Dans la meilleure hypothèse, son besoin pressant de conscientiser les indigènes est institué pour ce coopérant

1. C'est dans cette catégorie que peut être rangée l'espèce rare (le Club a ses chiens de garde) du coopérant communiste. A partir d'analyses et de motivations différentes, il se retrouve solidaire de l'idéaliste sur trois points essentiels : il a bonne conscience, croit aux apports du progrès, et refuse de s'ingérer dans les affaires politiques du pays. (Voir Yves Fuchs, *La coopération, aide ou néo-colonialisme*, chapitre 9.)

idéaliste en spécialisation professionnelle à part entière. Il est alors promu socio-économiste, et sévit en développeur patenté dans les instituts universitaires, pédagogiques, dans les ministères, ou les lycées. Il a pour mission de sensibiliser aux problèmes sociaux et économiques qu'il se pose pour eux les futurs formateurs autochtones ; ceux-ci, ultérieurement, pourront ainsi répercuter au niveau de leur enseignement de base les bienfaits de cette bonne parole, et créer au sein de la population une prise de conscience et une mobilisation collective pour un lumineux progrès social. À l'intention des étudiants, des classes terminales, des élèves d'école normale, des centres d'animation rurale, de formation agricole, etc., il organise des stages d'imprégnation en milieu paysan, des sessions d'éveil aux données nationales, des enquêtes de groupe, des visites, suivies de séances accélérées d'initiation socio-économique.

Cette fonction démiurgique l'aide à réconcilier son fantastique esprit de sérieux et sa totale incompétence technique. Car ladite socio-économie, fer de lance de la coopération française, est une discipline inconsistante, un cadre formel sans contenu. Essentiellement articulée autour du mythe du terrain, elle se définit négativement en refusant à la fois une interprétation technocratique et une approche théorique des phénomènes observés. Il s'agit de tenir un discours concret, humaniste, accessible, de dépister empiriquement les obstacles au développement, de s'appuyer sur la perception spontanée commentée, d'ériger ainsi le lieu commun et le jugement moralisant en vérité historique. Bref, la socio-économie fournit à l'assistant technique idéaliste la caution intellectuelle lui permettant de répandre en toute incontinence son verbalisme béat. Aussi cette vocation naît-elle un peu partout dans la société coopérante, entraînant des reconversions spectaculaires : aux côtés de quelques économistes ou sociologues, beaucoup de juristes, géographes, historiens, mais également des chimistes, électroniciens, commerciaux, composent les commandos hétérogènes de l'entreprise évangélique officielle. À l'intérieur de cette corporation illuminée, le travail en équipe et la multidisciplinarité, institués en principes fondamentaux, contribuent à diluer les incapacités individuelles : on se réunit sans cesse, on palabre, on établit laborieusement en commun des programmes de formation qui, à peine essayés, sont complètement modifiés, le rythme d'émigration coopérante lançant chaque année sur le marché de la sensibilisation indigène une nouvelle vague de socio-économistes qui ont de petites idées et décident de repartir à zéro. Puis, chacun, dûment motivé par ces concertations, s'en va avec son bâton de pèlerin de par le monde sous-développé, dynamisant, colloquant, recyclant, sessionnant, devant des assemblées autochtones rigolardes, mais toutes disposées à participer à ces effusions mutuelles qui coupent de façon pittoresque la routine professionnelle ou scolaire.

Idéologues : Ardant, Dregat, Dumont, Hirschmann, Lebret, Leduc, Moussa, Myrdal, Rostow, Turnin...

La mauvaise conscience

Le sous-développement n'est pas l'expression d'un état séculaire ou d'une fatalité : il est le résultat de la colonisation. Les sociétés du tiers-monde, nullement irrationnelles, constituaient des ensembles cohérents, homogènes, intégrés, et perpétuaient à travers leurs modes de production particuliers un équilibre traditionnel qu'a bouleversé le processus colonial. Celui-ci s'est traduit par l'imposition d'institutions politico-administratives et d'un enseignement qui ne trouvaient leur sens que comme prolongement du système métropolitain, par l'éclatement de la stabilité démographique dans les communautés villageoises et surtout par la désarticulation de l'économie : le pacte colonial et l'économie de traite, en transformant les colonies en réservoir de matières premières et en déversoir d'objets manufacturés, ont hypertrophié les branches de production et créé un réseau de commercialisation et une infrastructure d'équipements tournés vers l'extérieur. La responsabilité du sous-développement incombe donc totalement à l'Occident, et loin d'être une entreprise de charité gratuite, la coopération ne saurait être conçue autrement qu'en termes de réparation historique. Mais cette possibilité d'expiation et de rachat est elle-même utopique. L'accès des colonies à l'indépendance juridique n'a rien changé. Les sociétés dites sous-développées, en réalité des sociétés dominées, demeurent subordonnées aux intérêts du monde industriel. Les bourgeoisies nationales locales ont pris la relève de l'administration coloniale et assurent le maintien de l'ordre tout en étant coupées d'un appareil de production entièrement dépendant de l'extérieur sur les plans commercial, financier, technologique, culturel. Le pillage du tiers-monde ne fait que se renforcer : on peut le constater à travers l'ampleur des prélèvements opérés par le capital étranger et l'accroissement de la dette de ces nations, à travers la non-équivalence des échanges commerciaux favorisée par l'appartenance des pays exploités à une zone monétaire comme par la domination de leurs marchés locaux, à travers l'évolution du commerce extérieur et la détérioration des termes de l'échange. Aussi l'aide et la coopération, dans le cadre de ces rapports de subordination, sont-ils corollaires de l'expansion impérialiste, essentiellement une façon de justifier et de maintenir la permanence des intérêts économiques, politiques, culturels de l'ancienne métropole.

Comment vivre l'ambiguïté d'une telle situation? Torturés par leur analyse historique moralisante, inculpés par Maspero et ses idéologues maison, ces coopérants retournent contre eux le ressentiment et cultivent lucidement leur conscience malheureuse. Non seulement ils n'adhèrent plus au mythe idéaliste d'une assistance généreuse et désintéressée, mais ils s'accusent d'être compromis, solidaires malgré eux d'une action nuisible. Les coopérants sont «le paravent d'une exploitation[1]», «ils contribuent à couper le pays en deux blocs antagonistes[2]», «à la mise en place accélérée d'une classe de privilégiés tandis que la masse populaire s'appauvrit[3]». La transmission d'un savoir ne s'effectue pas impunément, mais elle *pose question*: aucune technique n'est neutre, les solutions étrangères sont inadaptées, l'efficacité elle-même doit être suspectée. Réussir un aménagement en milieu rural, c'est créer une classe de koulaks, aggraver la domination économique de

1. *Esprit, op. cit.*, p 86.
2. Christine Daure, «À quoi sert l'assistance technique?», *Les Temps modernes*, juin 1969, p. 2277.
3. *Esprit, op. cit.*, p. 84.

la ville sur la brousse, détruire des équilibres écologiques; former un étudiant, c'est lui imposer une langue étrangère et des schémas intellectuels inadéquats qui le déculturent: les coopérants «placent du Molière comme ils placeraient du camembert[1]» et fabriquent à la fois des chômeurs et des asociaux.

Tout autant inconfortable est leur position sociale d'assistants techniques. «Pour le coopérant, privilège et aliénation sont irrémédiablement liés[2].» Ils sont séparés du pays réel par leurs scandaleux avantages matériels, enfermés dans le ghetto doré de leurs villages de vacances. À travers de leur mode de vie, ils produisent des effets de démonstration qui constituent des incitations désastreuses pour les consommateurs indigènes et les rendent objectivement complices de «la pire élite locale à qui ils servent fatalement d'exemple et d'alibi[3]». À qualifications et travail égaux, ils gagnent cinq fois plus que leurs collègues autochtones et les peines qu'ils encourent sont bien inférieures: «pour la même faute, l'un est simplement expulsé, l'autre risque l'emprisonnement[4]». De tout cela, la société assistée est d'ailleurs parfaitement consciente qui leur fait cruellement sentir. «Ainsi s'explique en partie l'hostilité souvent très sensible de la population à notre égard[5]», «qu'on nous traite quelquefois de colonialistes[6]» «que nous sommes l'objet d'une haine souvent latente[7]».

1. *Ibid.*, p. 92.
2. *Ibid.*, p. 109.
3. Christine Daure, *op. cit.*, p. 2283.
4. *Esprit, op. cit.*, p. 114.
5. *Le Monde*, 3 juin 1970.
6. *Le Monde*, 23 juillet 1972.
7. *Esprit, op. cit.*, p. 46.

Devant tant d'impératifs inconciliables, «il arrive toujours un moment où le coopérant ne peut plus se taire [1]». Profondément désireux d'agir, mais «sans cesse tiraillé [2]», «écartelé entre son propre projet et celui de son pays d'origine [3]», il voit dans l'abandon le seul moyen d'émettre sa protestation. En effet, il n'est pas plus envisageable pour lui de s'engager politiquement dans les affaires locales que de devenir le mercenaire bien rémunéré d'un combat douteux et d'une coopération sans cause. Alors, «désemparé, ne pouvant rester spectateur indifférent ni agent responsable, il ne lui reste qu'une solution: faire l'amitié au pays de demander son rapatriement [4]».

Mais de telles résolutions n'outrepassent généralement pas le stade des vœux pieux, et ces assistants techniques se résignent à rester, à rempiler autant de fois que possible, et à féconder bravement leur douleur. Quotidiennement, ils sont *apostrophés* par le tiers-monde et le travail de la mauvaise conscience charge leur physionomie d'une inquiétude maladive. Vivant dans une perpétuelle anxiété, ils sont effarouchés par les risques de collaboration sociale et par l'interprétation impérialiste dont peuvent être passibles leurs activités, éperdus rétrospectivement à l'idée de s'être montrés trop brusques ou trop démagogues avec leur prochain indigène, honteux et impuissants face à la misère, gênés et miséricordieux pour leurs confrères coopérants qui ne participent

1. *Ibid.*, p. 111.
2. Yves Berthelot et Georges Fossi, *Pour une nouvelle coopération*, p. 129.
3. Robert de Montvalon, «Note sur une coopération qui n'est pas encore commencée», *Esprit, op. cit.*, p. 235.
4. *Ibid.*, p. 107.

pas comme eux à la souffrance de Dieu dans le monde, mais «se recroquevillent, vont à la piscine, attendent la quille, font du CFA[1]...». La propagation du mal est foudroyante et peut se manifester «au bout de quelques mois[2]» par l'apparition de «la névrose du coopérant qui se marque par des troubles gastriques constants[3]». Elle va même jusqu'à contaminer leurs rapports conjugaux: les hommes ont l'œil oblique, et phantasment furtivement sur l'éventualité d'une aventure sexuelle exotique qui les fascine et les terrorise, tandis que leurs femmes gardent les yeux convergents sur des frustrations non explicitées.

Pour dépasser leur malaise, ces assistants techniques en viennent à chercher refuge dans des formes de socialité communautaires. «N'est-ce pas déjà réjouissant qu'actuellement nous ayons en commun cette souffrance et ce désir si vif de rencontres[4]?» Ils tentent de rénover leur vie dans un activisme forcené de la convivialité, reposant essentiellement sur le dynamisme rayonnant de couples qui regardent de nouveau ensemble dans la même direction. Car à l'intérieur de ces communautés réactives, les problèmes de chacun sont pris en charge et fondus dans une angoisse générale qui est exprimée, analysée, signifiée. *Je suis mal dans ma peau. Comment m'assumer en tant que coopérant? Comment avoir une relation vraie avec un indigène?* Dans leur existence journalière, ils essayent d'exorciser collectivement cette culpabilité.

1. Robert de Montvalon, *op. cit.*, p. 235.
2. *Ibid.*, p. 46.
3. *Ibid.*, p. 46.
4. *Vers la vie nouvelle*, janvier 1971, p. 16.

Afin de conjurer la réalité inévitable de l'épargne, le caractère insupportable de leurs privilèges et d'ajuster leurs mœurs à leur tourment, ils socialisent une partie de leur superflu et cotisent à des caisses de solidarité qui financent les bonnes œuvres locales. Pour se rapprocher de la population, ils tâchent d'apprendre sa langue, de s'intéresser à ses usages, s'appliquent à nommer leurs collègues autochtones par leurs patronymes, partagent avec leurs étudiants leurs indemnités de mission ; pour lui être d'un petit secours, ils alphabétisent leurs domestiques, sondent la créativité des enfants, s'occupent de la réinsertion des jeunes déviants. S'affirmant résolument en recherche, ils se divisent en ateliers et en équipes de travail, au sein desquels ils réfléchissent sur les thèmes du sous-développement et de leur présence, approfondissent leur connaissance des grands courants d'idées contemporains ; ils partent en brousse pour des week-ends de méditation et d'étude, effectuent des enquêtes en ville, suivent les expériences des autres coopérants du tiers-monde et se rassemblent régulièrement pour communier intensément dans leurs impressions et leurs informations.

Mais dans l'exercice intime de leur compagnonnage, ces coopérants tiennent à se persuader que si leurs préoccupations sont sérieuses, eux-mêmes n'ont rien de lugubre et sont gaillardement branchés sur les plaisirs de l'existence. Outre des prises eucharistiques, les fraternités qui structurent leur groupe organisent à tour de rôle des sorties-détente, des soirées culturelles, des parties, célèbrent joyeusement les naissances et autres événements qui témoignent d'un renouveau conjugal, familial, spirituel. Et dans le cadre de ces festivités routinières, les grandes démonstrations de spontanéité, d'entrain, de bonne humeur, la franche complicité, la consommation du punch maison, les plaisanteries légères et les quelques pas rituels de danse indigène suffisent à rassurer les communautaires sur leurs pulsions et leur impétuosité à vivre [1].

En dépit de leurs nombreuses désillusions, ces assistants techniques veulent espérer que leur mission n'est pas complètement néfaste, qu'il existe une porte étroite par où passe le rachat. « La coopération n'est possible qu'à condition d'accepter une réflexion sur l'échec des développements et l'ambiguïté de l'aide, accédant ainsi à ce degré de vérité où une conscience commune surgit d'une situation partagée [2]. » À partir de leurs interrogations et de leurs investigations foisonnantes, de leurs discussions de synthèse, ils formulent des *exigences*, adoptent une *stratégie*, proposent une définition acceptable de leur fonction. S'ils *concertent* leur engagement, deviennent des formateurs éclairés sur les limites de leur action, ils peuvent se rendre utiles, jouer un rôle libérateur malgré leur extériorité et leur appartenance objective à un processus global de domination. Une certaine dimension universelle du rapport à autrui transcende toujours les déterminations socio-politiques, et « à chaque individu, à chaque groupe est posée la question : qui sont pour toi les autres [3] ? ».

1. Cette touchante application que mettent les chrétiens de gauche à démontrer qu'ils ne sont pas coincés...
2. Yves Goussault, « Coopérer sans illusions », *Esprit*, *op. cit.*, p. 256.
3. Robert de Montvalon, *op. cit.*, p. 237. Voir aussi G. Ripault, *Charcute-moi ces sabots de sphinx*, p. 50.

En perfectionnant une relation pédagogique qu'ils conçoivent comme une relation réelle, en introduisant dans leur démarche rédemptrice le levain inter-psychologique, ils croient possible de répondre à cette *interpellation* intérieure. À travers toutes sortes de raffinements thérapeutiques collectifs, ils s'efforcent de dépasser les obstacles qui vicient les tentatives de dialogue, d'intégrer les indigènes comme sujets et partenaires d'échanges authentiques, de transmettre sans équivoque des outils d'analyse et des techniques de travail qui aideront ces hommes du tiers-monde à prendre en main correctement les futures tâches de développement.

Grâce à ces méthodes actives et participatives, qui recréent pour les autochtones les huis clos douillets et réactifs au sein desquels macèrent leurs problèmes conjugaux, ces coopérants pensent même forcer enfin la communication avec la population locale. Par-delà l'éloignement culturel des masses ou la fréquentation superficielle d'une bourgeoisie occidentalisée, ils s'offrent ainsi de doux réconforts en réussissant parfois à lever quelques indigènes spécialement égarés qu'ils accaparent jalousement, couvent, cajolent, et ne prêtent qu'à intérêt.

Archétype : l'animateur

Si l'indigène n'est apprivoisable qu'à grands renforts de techniques pédagogiques, celles-ci ne s'exercent jamais mieux qu'en situation collective durable. Aussi, dès qu'il a la responsabilité d'un groupe : classe, équipe de recherche, formation d'adultes, cet assistant technique se métamorphose en animateur et tente de constituer ce rapport humain générique que son expérience empirique du tiers-monde dissout sans cesse. Tel son homologue socio-économiste, l'animateur coopérant travaille doublement dans l'amateurisme triomphant : il supplée à son incompétence par des artifices pédagogiques qui sont eux-mêmes plus que sommaires et appris sur le tas. Ses fameuses méthodes reposent sur deux principes magiquement proclamés. La dynamique de groupe, qui consiste pour lui à répartir spatialement les participants en fer à cheval (stimulation des forces centripètes), à les diviser en commissions, à leur distribuer rotativement des rôles spécialisés (rapporteur, scrutateur, homme-tableau...) ; et la non-directivité qu'il traduit concrètement par le tutoiement, la modestie oratoire, une localisation discrète et un bon sourire. Sur ces bases de fonctionnement audacieuses, il propose des thèmes d'étude et se donne pour tâche harassante d'aider l'assemblée à s'exprimer. Mais celle-ci s'exprime si bien qu'elle fait rapidement l'économie de l'animateur. S'ils restent un moment interloqués par les manipulations tatillonnes et les consignes oiseuses auxquelles ils sont soumis, les indigènes ne tardent pas à s'autodéterminer, et dans l'observance formelle des règles du jeu, reconstituent entre eux leur univers culturel. Ils retrouvent le ton de leurs échanges coutumiers, débattent en fonction de leurs connivences sociales, de leur code d'affrontement verbal, de leurs techniques d'argumentation, renouent si nécessaire avec leur idiome, cela sous le regard attendri de l'animateur qui se garde de troubler une atmosphère aussi pétulante. Il ne comprend pas tout ce qui se dit mais essaie de deviner et pressent avec émotion l'irruption des tensions et des frictions. Tout groupe qui se respecte doit engendrer sa propre négativité. Alors il intervient victorieusement pour signaler, qu'à travers ses problèmes, l'as-

semblée est en train d'accéder à un niveau supérieur de connaissance mutuelle et de communication. Et si lui-même, en tant que coopérant, fait l'objet de réactions d'hostilité et de rejet, sa jubilation est extrême : car cette petite disgrâce simulée, tout en dramatisant délicieusement sa culpabilité, révèle une prise de conscience salutaire des participants. La récompense du groupe et la manifestation de sa cohésion, c'est la réjouissance péri-professionnelle : repas commun, veillée folklorique, tirage des rois, que l'assistant technique prépare avec toute son imagination socio-thérapique ; mais suivant l'habitude, l'animation est du côté des indigènes qui, tout en demeurant polis avec leur grand copain blanc, se détendent gaiement ensemble. Ces relations authentiques ne débordent d'ailleurs pas leur cadre géographique institué : et le coopérant s'afflige de constater que ses gars, *avec qui il fait du* bon boulot, *dans une saine ambiance, ne le reçoivent jamais chez eux. Déception aussitôt rationalisée : ils ont honte de leur case, de leur pauvreté, de leurs usages : c'est encore* ma faute.

Idéologues : Bairoch, Bettelheim, Freire, Gendarme Hugon, Illich, Myrdall...

L'idéal ascétique

Il faut dépasser l'analyse historique moralisante et envisager le sous-développement comme un phénomène structurel. La subordination des pays pauvres n'est pas le résultat d'une imposition arbitraire et leur exploitation n'est ni épisodique ni marginale par rapport à la dynamique capitaliste : elle en est un rouage nécessaire, l'élément essentiel du processus d'accumulation à l'échelle mondiale. Contrairement à l'opinion habituelle, pays développés et sous-développés produisent les mêmes valeurs d'usage, les exportations du tiers-monde n'étant, dans leur ensemble, nullement spécifiques ou de provenance archaïque. Devant les tendances à la baisse ou à l'égalisation du taux de profit qui s'exercent au centre, l'univers industrialisé délègue les stades économiques primaires vers des zones périphériques sous-développées où, profitant de la concomitance d'une technologie moderne et de salaires faibles, il génère de fortes plus-values. Cette déconcentration grandissante suppose la persistance de secteurs traditionnels dominés qui, au sein des populations du tiers-monde, fournissent une force de travail bon marché. Et les bourgeoisies locales, loin de répondre à leur vocation historique en démantelant ces modes pré-capitalistes, se chargent de les protéger : elles se définissent comme gaspilleuses des profits qui leur sont rétrocédés et comme dépendantes des instances impérialistes occidentales (compagnies, sociétés, structures douanières, monétaires, commerciales, aide et assistance technique) qui les utilisent pour cette entreprise de véritable développement du sous-développement.

Indésirables, les coopérants le sont donc sans exception. « Qu'on le veuille ou non, nous sommes des agents d'une politique néo-colonialiste [1] » et il est naïf d'imaginer que l'on puisse échapper à la logique du système et posséder, même partiellement, une efficacité quelconque. Tous les assistants techniques sont

1. *Esprit*, *op. cit.*, p. 53.

complices de la perpétuation de ces rapports mondiaux d'exploitation et œuvrent objectivement à l'inégalité croissante du développement. Celui-ci constitue avant tout un problème politique : étant donné l'unité dialectique du système planétaire, il ne surgira que de la simultanéité d'une destruction du capitalisme dans ses formes centrales et périphériques, laquelle passe, entre autre, par la liquidation des coopérants.

S'incluant totalement dans la négativité dirigée vers les nations prolétaires, ces assistants techniques tirent de leur séjour outre-mer une délectation morbide. Ils subliment la mauvaise conscience dans la fiction politique d'un tiers-monde libéré qui implique leur anéantissement et, mettant leur idéal militant au service d'un idéal ascétique, créent entre eux des chapelles où s'élaborent les nouveaux évangiles de la lutte contre l'impérialisme. Autour de quelques maîtres investis par les antécédents fameux qu'ils se prêtent, des disciples se rassemblent pour approfondir collectivement les idéologies de leur abolition. Ils font circuler des informations soi-disant confidentielles et explosives, diffusent des textes ronéotés dont la clandestinité d'origine contrôlée et l'illisibilité garantissent le caractère corrosif. Ils rédigent en équipe des dossiers et des rapports qui démystifient l'aide, stigmatisent le rôle profondément vénéneux des coopérants. Ils organisent des discussions qui ont pour thèmes les potentialités révolutionnaires du pays, la montée parmi les étudiants d'une révolte contre l'assistance technique, l'ébullition latente d'une classe paysanne que leur absence radicale de communication avec elle permet d'intégrer dans les schémas les plus simplistes, l'articulation de ces combats au mouvement international, les expériences socialistes exotiques... Sur toutes ces questions, ils tentent d'ouvrir le débat avec leurs camarades progressistes autochtones, épaulés en cela par les quelques coopérantes chafouines qui leur servent d'égéries et sont spécialisées dans le détournement sexuel goulu du mâle révolutionnaire local ; succombant à tant d'arguments, certains d'entre ces indigènes acceptent parfois de prendre part aux offices anti-impérialistes pour y fouetter bénévolement la conscience de l'assemblée et l'affermir dans sa volonté de néant. *Je t'aime. Moi non plus. Donc je me hais.*

À partir de nuances casuistiques, ces chapelles se différencient dans l'interprétation orthodoxe des aspirations du tiers-monde, et à l'intérieur de chaque paroisse, la relation au dogme et à ses dépositaires engendre des liens de stricte vassalité. Les oracles s'entourent de petites cours serviles, dont ils se font escorter partout, sur qui ils se déchargent des contingences matérielles, auxquelles ils transmettent leurs tics, leurs attitudes, leur langage. Érigeant leur propre commémoration en principe permanent des échanges, et fondant sur une adoration mutuelle bruyamment manifestée le ciment affectif du groupe, ils mesurent la pugnacité de leurs troupes aux assauts d'obséquiosité dont ils sont l'objet ; parallèlement, ils travaillent en coulisses à diviser pour mieux régner, encourageant la surveillance des uns par les autres, distribuant leurs faveurs au prorata des ragots ou des notations perfides qu'ils recueillent. Dans ce climat de pusillanimité complaisante, les allégeances restent donc précaires, et l'arrivée au Club de nouveaux prophètes, qui subjuguent par la fraîcheur de leur message, peut provoquer des trahisons, des scissions, des brouilles de famille. Mais tous les fidèles, quelle que soit leur obédience messianique, attendent avec la même ferveur le grand soir et rêvent de « tomber en beauté [1] », « d'une association de coopérants qui se saborderait [2] », « d'un départ massif [3] ».

Pour mieux se préparer au sacrifice, ils recourent assidûment à quantité d'exercices ascétiques où ils se réfutent symboliquement en tant que coopérants. Ils passent leur temps à discréditer tout ce qui évoque l'imposition métropolitaine et à surestimer aussi mécaniquement les éléments de contestation qui peuvent être rencontrés chez les assistés. Ils s'incriminent sèchement devant leurs audiences autochtones, dénonçant l'aspect intolérable de leur mission vis-à-vis d'eux, et, au moment de repartir en France, laissent des testaments à l'usage de leurs successeurs où sont méthodiquement dévoilés les présupposés politiques et les résultats nocifs de ces tâches officielles. Ils écrivent contre la coopération dans des journaux locaux et signent de préférence d'un pseudonyme indigène, ce qui leur procure à la fois la sécurité face aux autorités, le frisson masochiste de l'identification propitiatoire et les louanges des initiés. Ils confient partout dans le secret qu'en dépit de leurs précautions, ils sont suspectés, repérés, fichés,

1. *Esprit*, *op. cit.*, p. 113.
2. *Ibid.*, p. 116.
3. *Ibid.*, p. 113.

à la veille de l'expulsion et cultivent une mégalomanie paranoïaque aiguë chargée d'accréditer leur image épique de coopérants engagés. « Je fus placé sous une surveillance constante, polie et inutile de la police. Agitateur ? Espion ? Mes amis avaient le plus grand mal à apaiser les soupçons que mon genre de vie et mes fréquentations entretenaient [1]. »

Par rapport à l'immense majorité des assistants techniques, qui sont frimeurs, réactionnaires, piégés, intoxiqués, « qui montrent un désintérêt massif ou un tranquille mépris [2] », ces coopérants se perçoivent comme « une poignée de militants [3] » « composée de quelques éléments qui refusent de jouer le jeu [4] ». Non pas qu'ils s'estiment meilleurs, mais seulement conscients. Et ne supportant aucune forme de vitalité qui ne repose sur les corollaires ascétiques de leur lucidité, ils se fixent pour objectif de culpabiliser leurs confrères aliénés, de les induire à la haine d'eux-mêmes. Ils essaient d'accaparer la disponibilité des nouveaux dans des comités d'accueil parallèles, de circonvenir les autres en suscitant la réflexion dirigée dans les organismes où ils sont en fonction, et à l'égard de ceux qui demeurent imperméables à leurs patenôtres, ils exercent un terrorisme rageur. Ils cherchent tenacement à les détruire, à les coincer, à les encadrer, à les bloquer, à les faire avouer, pour employer le vocabulaire arrogant de leur rancœur. Ils affectionnent les procédés les plus bas : lettres

1. François Partant, *La Guérilla économique*, p. 12.
2. « Note sur l'assistance technique à Madagascar », *Le Mois en Afrique*, n° 49, p. 89.
3. *Esprit*, *op. cit.*, p. 253.
4. *Bulletin du Gimoi*, mars 1972.

anonymes, calomnies, délations, malveillances en tout genre. Leurs vengeances sont toujours masquées, si bien qu'en cas de contre-attaques, ces procureurs vindicatifs savent à merveille se retrancher derrière des attitudes doucereuses, afficher la bonne foi surprise, déplorer les réactions moralisatrices de leurs accusateurs [1].

Cet itinéraire autopunitif qui, en passant par la dévastation d'autrui, les mène jusqu'au bout de leur propre dépréciation et de leur néant, a comme pendant nostalgique chez ces coopérants une sourde tentation pour la vie. Si leur prétention à détenir le monopole de la clairvoyance historique les place au point culminant de la négativité, elle leur confère réciproquement une légitimité intellectuelle qu'ils se doivent d'attester en rompant avec les modèles et les valeurs respectés dans la société coopérante. Et ils s'efforcent de placer cette nécessité idéologique de la transgression sous le signe d'une affirmation de l'existence, par des démarches qui, en définitive, ne font qu'exaspérer leur détermination ascétique. Dans leurs usages privés et quotidiens, ils traduisent cette volonté en adoptant un conformisme inversé et coercitif: à la grande surprise des artisans locaux, qu'ils obligent à scier les pieds des tables, ils prennent leurs repas au ras du sol, introduisant ainsi spontanément dans leurs exigences contre-culturel-

1. «Il faut craindre celui qui se hait lui-même, car nous serons les victimes de sa colère et de sa vengeance», Nietzsche, *Aurore*, p. 157 ; et Deleuze, parlant des gauchistes : «Ils s'adonnent à l'exercice extrêmement studieux de l'animosité sous tous ses travestis, de l'agressivité et de la dérision appliquées à tout propos et à toute personne présente ou absente, amie ou ennemie. Il n'est plus question de comprendre l'autre mais de le surveiller», *Recherches*, mars 1973.

les des techniques corporelles de mortification; ils optent pour un dépenaillé vestimentaire progressiste des plus étudiés, le port de la blouse paysanne sarde ou de la veste de cantonnier polonais leur permettant de rejoindre symboliquement, au sein d'une internationale prolétarienne du costume, des indigènes qui se sentent dès lors beaucoup moins seuls quand ils suent dans leurs burnous; ils laissent fleurir barbes et moustaches, connotent ésotériquement leur relâchement verbal, et croient par toutes ces afféteries maussades déranger l'establishment mondain du Club. Leur désir de terrasser la morale bourgeoise s'illustre dans la fête préméditée, où les membres de la secte sont régulièrement convoqués à venir s'éclater, ceci toujours au ras du sol. Mais au cours de ces divertissements sinistres, ces coopérants ne témoignent que de leur misère et de leur impuissance; à travers les parodies molles de libération sexuelle, les pseudo-rituels collectifs de prise de drogue, les saouleries au vin rouge ou aux infâmes fermentations locales garanties pour leurs propriétés révolutionnaires, ils révèlent les frustrations les plus maladives, les situations les plus insoutenables; à travers leurs conversations, ils ne font que ruminer leur morosité, diriger les tirs groupés de leur animosité, dévaloriser sans répit[1].

1. Cet échec explique la séduction exercée sur ces assistants techniques par les coopérants en quête d'innocence. Comme l'écrit Pierre Goldmann, «Je pensais à certains archanges de la rigueur prolétarienne,... et je souriais de les voir maintenant dans un éclectisme empli de veules désirs, en quête de plaisirs qui étaient seulement la version gauchiste des félicités éculées de la bourgeoisie... Moi,... j'avais connu bordels et orgies, mais je n'avais jamais qualifié ces tristes réjouissances "d'activation d'une sexualité éclatée" ou de "célébration ludique d'une subjectivité libérée."» *Souvenirs obscurs d'un Juif polonais*, p. 240.

Par souci de se désolidariser des belles âmes écorchées, ils refusent d'endurer les tourments de la mauvaise conscience, ces vils frémissements aux relents chrétiens, et s'appliquent à vivre leur pratique individuelle des vacances et du tiers-monde sur le mode cynique. Toujours attirés par le contact présumé des forces actives, ils courent les bars et les boîtes de nuit, se composent des personnages de noctambules désabusés, intriguent médiocrement dans la communauté féminine de l'assistance technique ; ils hantent en augures mauvais et sarcastiques les lieux de leur extrême aversion, ceux où folâtrent les élites locales, et fréquentent les franges aristocratiques ou politiques d'une bourgeoisie nationale qu'ils font parallèlement pétition d'exécrer et taxent des pires tares : lumpen-bourgeoisie d'importation, compradore, parasitaire, dépravée, totalement réifiée ; ils utilisent avec désinvolture les facilités, les services, les automatismes de soumission, profitent sans scrupules des plus pures traditions coloniales pour satisfaire leurs velléités sexuelles tropicales ou leur goût de l'exotisme ; face au spectacle de la mendicité ou de l'injustice, ils répriment les élans suspects de la sensiblerie et se privent des contritions de l'aumône ; vis-à-vis de leur personnel autochtone, ils ne manifestent aucune faiblesse paternaliste et ne s'embarrassent pas de conserver par compassion un domestique incapable, etc[1].

Mais ce cynisme affecté ne représente là encore

1. « Comme nous sommes salauds ! », ainsi parlent les derniers hommes, ces intellectuels contemporains qui se proclament nietzschéens pour vivre à leur insu les formes extrêmes du nihilisme occidental.

que l'expression dévoyée de leur idéal ascétique. Par-delà les tortures de la culpabilité, ils découvrent seulement l'horizon annulé de leur présence, leur ambition suicidaire d'être les derniers assistants techniques, leur conviction d'y travailler à terme : et ces conduites nihilistes, la complaisance dans la veulerie, l'indifférence effrontée, le dégoût d'eux-mêmes, la perversion qu'ils mettent à flatter leurs contradictions adorées dans des compromissions sociales délibérées sont autant de déplaisirs indirects qu'ils s'infligent, autant de manières d'assumer complètement une condition coopérante néfaste dont ils se veulent la réalisation et la perte.

Ces assistants techniques ne poussent néanmoins pas l'affirmation de la vie jusqu'à subvertir leur rapport à l'argent et mener le train munificent et dilapidateur des privilégiés condamnés ; ils continuent sur ce plan à se trouver d'excellentes justifications idéologiques pour éviter les dépenses, boycottent majestueusement les produits importés ou locaux du capitalisme négrier, et protègent une existence d'épargne camouflée.

Archétype : le pied-rouge

Il arrive que cet idéal ascétique soit vécu dans ses implications ultimes : la règle de non-ingérence dans les affaires intérieures d'une nation constituant « un principe réactionnaire [1] », l'assistant technique décide de se battre concrètement au côté des révolutionnaires indigènes, afin de mieux s'abolir en tant que suppôt de l'impérialisme. Sans abandonner pour cela ses activités professionnelles

1. *Esprit, op. cit.*, p. 108.

et son existence estivale, ce pied-rouge s'intègre dans un des divers groupes semi-clandestins qui luttent contre le néo-colonialisme. Parmi eux, il tente bien d'exercer à temps perdu ses talents impatients de formateur politique ou de spécialiste parisien en guérilla, mais si sa candidature est retenue, c'est essentiellement dans la perspective d'une exploitation systématique de ses avantages et immunités de coopérant. Ainsi sert-il tour à tour de boîte postale, d'intermédiaire avec la presse, de receleur, de collecteur de fonds, de contact, de fournisseur en matériel administratif, d'imprimeur, etc. ; durant ses congés annuels en métropole, sa voiture et son domicile sont réquisitionnés, ce qu'il consent avec fierté et au beau mépris de risques dont, à son retour, il mesure à la fois l'étendue et l'inattendu : son véhicule est embouti, ses réserves d'alcool vidées, ses affaires égarées, détériorées, confisquées, et autres brimades qu'il subit avec une humilité déférente. Car son idéal ascétique s'exprime jusque dans ses relations militantes : les rôles subalternes qui lui reviennent, la condescendance cavalière dont il est l'objet, sont pour lui le juste tribut payé à une condition d'étranger qui, par rapport à ses camarades autochtones, le relègue dans une démarche historique bâtarde, appauvrie de toute pureté nationaliste.

Même si l'idéologie officielle se réclame de positions progressistes analogues aux siennes, le pied-rouge ne tarde jamais à prendre ses distances à l'égard du régime en place. Son expérience quotidienne le décille rapidement sur le prétendu socialisme qui est localement construit. Fort irrité par le peu de liberté d'expression qui lui est accordé, par la complication des transferts d'argent, l'atmosphère ambiance puritaine,..., il conclut à une classique déviation de la politique nationale de développe-

ment. Il observe la renaissance d'un capitalisme d'État, enregistre la montée d'une classe bureaucratique, pressent l'apparition de goulags tropicaux et se résout à reprendre du service dans l'opposition au nom d'un peuple floué par une nouvelle bourgeoisie déguisée. Il révèle ainsi la véritable fonction que remplit pour lui ce pseudo-engagement : justifier sa présence au côté des damnés de la terre, damnés dont il se sent si proche qu'à travers les petites misères qui sont faites à son existence empirique de coopérant, il peut apprécier le niveau d'oppression qui pèse sur le pays.

Idéologues : Amin, Beretti, Fanon, Magdoff, Salama, Valier…

Si ces familles idéologiques ont pour finalité d'organiser autour de thèmes spécifiques une pratique de la coopération et du tiers-monde, l'animation du Club privilégie donc leur fonction accessoire : elle fait de ces désunions l'élément moteur d'une compétition au sein de la société coopérante. Dans ce grand jeu vacancier, les rôles sont soigneusement répartis et répétés, la figuration indigène en bonne place. Un règlement tacite détermine les familles régnantes, les incompatibilités, les alliances possibles, les modalités de transferts entre équipes, les points gagnants ou perdants, les matchs nuls, les coups bas. Chaque bataillon possède même ses aumôniers, les missionnaires laïques de l'assistance technique dénichant toujours outre-mer quelque ecclésiastique musclé qui les soutienne, voire les déborde, dans leur combat.

Les stratégies comme les réactions sont globalement

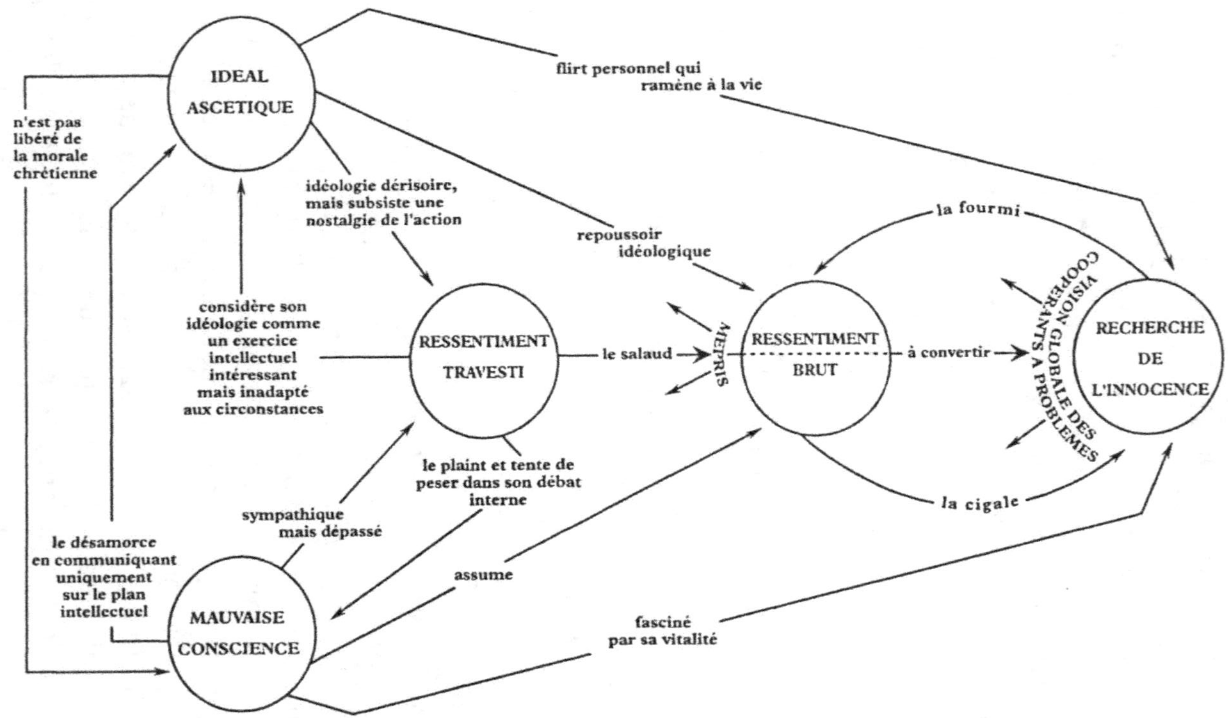

INSTITUTIONNALISATION DES ATTITUDES MUTUELLES

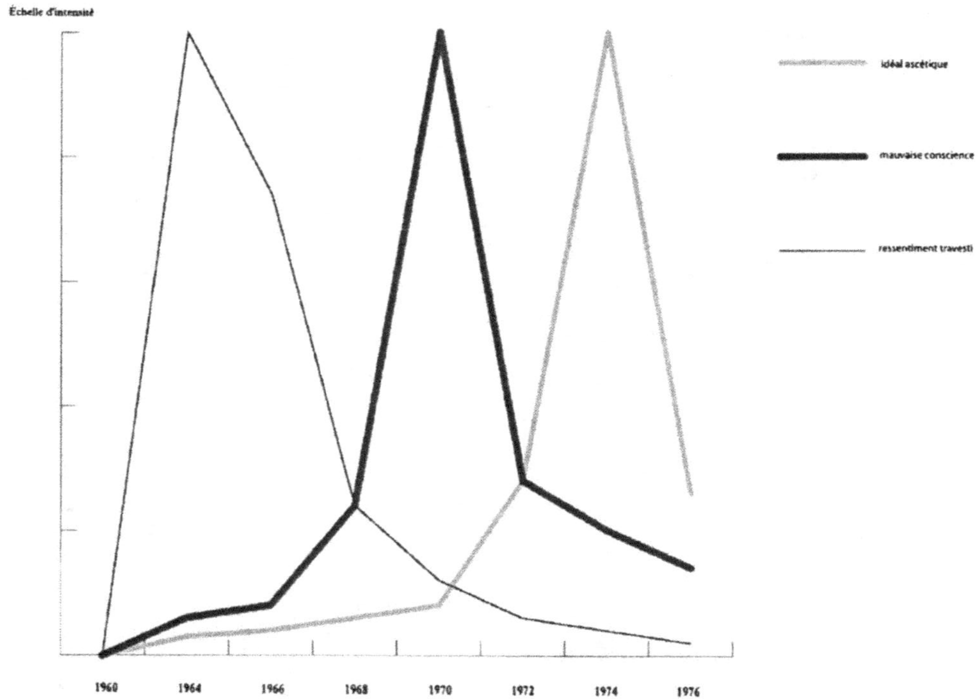

ENCHAINEMENTS IDÉOLOGIQUES

codifiées : les compétiteurs se trouvant simultanément opposés à quatre formations rivales, il en résulte un chassé-croisé d'affrontements qui ne peut s'exprimer qu'à travers une institutionnalisation rigoureuse des attitudes mutuelles. Celles-ci sont fondées sur des relations de complicité et d'exclusion. De complicité, car tous les assistants techniques détiennent une connaissance spontanée des divers types idéologiques ; d'exclusion, parce que chacun d'eux répudie les éventualités qui ne correspondent pas à son choix revendiqué. Et selon la manière dont ils posent cette dialectique de la collusion et du rejet, les différents groupes se fixent dans des systèmes d'attaques et de défense suscitant l'indifférence ou le mépris, le désir de convertir ou la souffrance, la vengeance... C'est ainsi que les plus indulgents sont les coopérants en quête d'innocence, qui se sentent les moins engagés dans la problématique des autres, alors que les coopérants ascétiques, qui s'éprouvent comme les plus compromis historiquement avec leurs adversaires, sont par nécessité les moins tolérants (voir tableau).

2. Les enchaînements historiques

L'évolution de l'assistance technique peut se lire comme un enchaînement de types idéologiques à partir duquel la société coopérante vit explicitement sa propre historicité. Si tout le long de l'existence du Club, les cinq types coexistent et s'entrechoquent, chaque époque est marquée par la prépondérance non pas numérique mais intellectuelle d'un groupe sur les autres, par sa vocation à imposer ses convictions et à faire du prosélytisme dans le cadre de la dynamique interne des villages. Trois types dominants apparaissent ainsi dans cette histoire de la coopération : tandis que les familles d'assistants techniques constituées autour de la recherche de l'innocence ou du ressentiment brut demeurent en toutes saisons massives, stables, et sans influence, celles qui s'articulent sur le ressentiment travesti, la mauvaise conscience et l'idéal ascétique se succèdent dans l'ordre et suivant une amplitude décroissante en tête du palmarès estival (voir tableau).

1960-1968[1] *: le ressentiment travesti*

Avec l'indépendance conquise ou octroyée se déploie l'illusion d'une transmutation possible des rapports métropole-colonie. L'hypothèque politique est levée qui faussait les problèmes du développement. Le dialogue devient réalisable, il sera essentiel dans ce rôle nouveau et exaltant que s'attribue l'ancienne puissance impériale : aider, conseiller, orienter. La première tâche est de motiver les intéressés, de leur faire comprendre que la situation a changé : une grande partie d'entre eux reste en effet prostrée dans la léthargie coloniale. Éveiller, conscientiser les masses sont donc les objectifs d'action dominants durant cette période. Pour cela, la coopération fétichise un thème décisif : l'irréductibilité du développement à la simple croissance économique, cette dernière,

1. Ces dates ne sont bien entendu que des repères approximatifs, l'évolution idéologique de la société coopérante ne suivant pas le même rythme partout. Il reste que 1968 constitue une année charnière, à partir de laquelle s'amorce un processus irréversible, quoique inégalement rapide selon les pays et les villages de vacances.

dans l'esprit des distingués praticiens de la socio-économie, étant à peu près au premier ce que la pornographie est à l'érotisme. Ce mythe autorise tous les investissements imaginables à caractère civilisateur et justifie toutes les incompétences techniques ; au niveau des politiques suivies, il se traduit notamment par une pluralité d'opérations et d'expériences menées sur l'enseignement primaire et l'animation rurale. Dans ce rêve éveillé, les assistants techniques bénéficient d'une large complicité de la part de l'élite urbaine locale créée par la colonisation. Cette frange dite évoluée traverse une crise d'identité dont elle trouve une interprétation et des explications rassurantes du côté des bons apôtres de l'Occident et elle adopte vis-à-vis de son propre pays et des réalités du sous-développement des attitudes similaires aux leurs. Toute société a besoin de croire à sa barbarie laquelle, dans le tiers-monde, est enclavée soit sur les côtes, soit à l'intérieur des montagnes.

Durant cette période, le recrutement du personnel de l'assistance technique atteste d'une homogénéité idéologique relative. Par suite de diverses formes de cooptation, de l'individualité des autorités françaises responsables, de l'influence de groupes de pression religieux ou para-religieux, des motivations des volontaires, apparaît dans les premières vagues de coopérants une forte proportion d'anciens militants de mouvements de jeunesse, d'action catholique, etc. ; peu de véritables techniciens sont envoyés outre-mer, mais beaucoup d'agents à formation générale incomplète, embauchés pour leur bonne volonté et leur activisme. Ainsi se perpétue la coïncidence temporaire entre l'idéologie officielle et celle des assistants techniques qui colportent l'interminable quête d'une certaine bourgeoisie métropolitaine idéaliste, sa recherche inavouée d'une mission dans le monde, d'une tâche humanitaire conçue de façon possessive. Cependant l'époque du ressentiment travesti se caractérise généralement par les difficultés que rencontre une croissance économique insuffisante face aux rythmes démographiques. Le développement se réduit à la poursuite d'un spectacle. Les rôles d'enseignement, d'animation sont fondamentaux pour en alimenter les péripéties et engager de nouveaux acteurs, mais la fonction technologique, qui risquerait de fermer la représentation, n'est pas envisagée sérieusement. De 1960 à 1968 s'épuise donc progressivement la vitalité de la démarche idéaliste qui se trouve cernée par les échecs successifs de toutes les analyses entreprises. Le champ des solutions possibles se rétrécit et l'enthousiasme des showmen faiblit. Quelques-uns émettent secrètement des doutes qu'il est encore peu admis de proclamer ouvertement ; ainsi émergent et se colorent lentement les thèmes qui deviendront prépondérants par la suite : domination économique, impérialisme culturel, néo-colonialisme...

1968-1972 : la mauvaise conscience

Les pays assistés enregistrent au niveau du pouvoir et de son évolution interne les conséquences des insuccès de l'aide ; des situations économiques qui ne s'améliorent pas sont portées au passif de la politique de coopération ; le mythe de l'amitié inébranlable avec la métropole s'effrite et ceci peut aller jusqu'à la définition de solutions nationales hostiles à la présence française. Aussi les responsables de l'assistance technique tentent-ils de désamorcer ces réactions en développant un timide processus d'autocritique (rapports Gorse, Jeanneney...). Sans revenir sur les grands principes généraux, ils proposent à leurs partenaires indociles un perfectionnement de la concertation et du dialogue, leur concèdent le droit de s'organiser quelque peu pour recevoir et orienter l'aide. Mais l'idéologie officielle, même redressée dans sa pratique, apparaît de moins en moins crédible, et sa remise en question est facilitée par les mutations qui ont affecté la société française maintenant intégrée et concurrentielle dans le système capitaliste mondial. Cette transformation des cadres socio-politiques de la connaissance précipite une autre approche des faits de fonctionnement internationaux : l'analyse s'articule désormais autour des notions de domination, d'exploitation, de pillage, et correspond à l'efflorescence d'une littérature tiers-mondiste qui fait des ravages intellectuels dans les rangs des assistants techniques. Pour les récents arrivés notamment, qui ont vécu les événements de 1968 en France, le phénomène politique ne peut plus être ignoré ; la coopération est jugée au départ [1], et le sous-développement relève d'une préoccupation historique commune exaltée à travers ses derniers modèles : Debray, Guevara... Pris dans la même mouvance idéologique tricontinentale, tous s'interrogent fiévreusement sur le sens équivoque de l'assistance technique et de leur présence outre-mer,

1. Voir D. Harari, *op. cit.*, p. 88 et p. 106.

partagent leurs problèmes dans des séminaires et équipes de réflexion, et, parmi eux, la mauvaise conscience se propage irrésistiblement.

Cette évolution idéologique est favorisée par les données du recrutement qui se transforment parallèlement de façon sensible. Si les effectifs de l'assistance technique ne progressent que lentement, la désaffection pour le service militaire actif qui suit la fin de la guerre d'Algérie rend la concurrence plus vive pour partir dans le tiers-monde [1]. Le jeu des interventions et des recommandations se renforce donc, tandis que le profil du coopérant se modifie en partie : aux premières tâches d'éveil et de substitution administrative succèdent des opérations davantage spécialisées qui conduisent à diversifier les critères de sélection massifs appliqués préalablement [2]. Suivant le vœu des pays assistés, le niveau technique des agents s'améliore, et de plus en plus d'intellectuels s'expatrient outre-mer pour résoudre leurs problèmes. La mauvaise conscience n'est pourtant qu'un type dominant de transition. Dans la mesure où ces assistants techniques continuent d'agir de la même manière que leurs prédécesseurs idéalistes, mais les désavouent en se livrant simultanément à une critique manifeste de cette action, ils bloquent l'idéologie coopérante dans une impasse. Aucune solution de rechange ne peut être élaborée, toute initiative est suspecte, et le repli communautaire comme les phantasmes pédagogico-participatifs de

1. Entre 1962 et 1968, le nombre de candidatures refusées par le Club quadruple.

2. Cf. annexes, tableaux 1 à 5. Voir également *Notes et études documentaires*, du Ministère de la Coopération, n° 3787.

communication avec l'indigène ne constituent qu'une parade limitée et provisoire à ce climat crépusculaire de démobilisation collective.

1972 : l'idéal ascétique

Les conditions sont favorables pour que la mauvaise conscience tourne à l'idéal ascétique. La société coopérante devient l'espace clos d'une problématique de l'assistance technique. Dorénavant, les formes d'appréhension du tiers-monde et de ses problèmes transitent par la condamnation d'une coopération qui est posée comme le moment de la négativité dans la dialectique révolutionnaire planétaire. Et le terrorisme pratiqué vis-à-vis des autres assistants techniques ne représente, de la part de la fraction ascétique, que le corollaire logique de sa volonté autodestructrice.

Sur le plan de la politique de coopération se confirme une perte de dynamisme due à une incapacité de transformation interne face à une contestation qui ne vient plus seulement des pouvoirs locaux mais des couches concernées des populations assistées. Celles-ci empruntent leurs arguments polémiques à une réflexion internationale sur le tiers-monde dont les coopérants ascétiques se font l'écho, et la progression de l'idée force selon laquelle l'assistance technique est à la fois une trahison et une escroquerie entraîne de nombreux gouvernements à dénoncer abruptement les accords de coopération. Il s'en suit des négociations en chaîne où l'on parle de relance, de nouveau départ de l'assistance technique, d'instauration de cadres bilatéraux flexibles et prospectifs, où l'on continue, derrière la modernisation du vocabulaire et le désir affirmé de changement, à préserver l'essentiel des protocoles précédents. Ces pantalonnades ne dupent ni les chapelles coopérantes de la lutte anti-impérialiste ni leurs éclaireurs pieds-rouges. Tous persévèrent dans l'idéal ascétique et demeurent attentifs aux signes d'explosion. Ils attendent que leur agitation et leur propagande se retournent enfin contre eux, et les boutent hors du tiers-monde. Mais à l'heure du sacrifice, rien ne va se passer comme prévu.

Chapitre IV

L'UNITÉ IMPLICITE

« Le médecin de notre expédition tenta de calmer la frayeur du jeune indigène : "N'ai pas peur, Haoussa, le vaccin des blancs te protégera des maladies du village. "»

Pierre CARDI, *Une mission en Afrique Noire.*

« Être Suisse, Anglais ou Français, ce n'est pas une nationalité, c'est un syndrome. L'Europe est une maladie, Célia. Je suis venue chez toi pour me faire vacciner ».

Régis DEBRAY, *L'Indésirable.*

Si la société coopérante encourage et institue théâtralement ses divisions idéologiques internes, celles-ci n'ont concrètement aucune incidence sérieuse sur les formes estivales de sociabilité qui sont quotidiennement privilégiées au Club. Elles infléchissent la composition des sous-groupes, provoquent des affrontements spectaculaires, mais ne parviennent jamais à geler l'intercommunication ni à gripper la dynamique des prestations au sein des villages de vacances. Elles cristallisent agressivement des attitudes divergentes vis-à-vis de la présence occidentale et de l'environnement indigène, mais par-delà les proclamations de principe, les gestes symboliques ou les petits cris d'indignation, les assistants techniques continuent tous à tirer avantage de leur statut social, à exploiter allègrement un tiers-monde promotionnel où, afin de mieux décrisper les relations, « gauchistes et réactionnaires se retrouvent pour faire du cheval[1] ».

1. *Esprit*, *op. cit.*, p. 50.

C'est qu'en réalité, ces oppositions de façade reposent sur une solidarité inavouée. Loin de troubler la sérénité du Club, elles sont vécues dans une tonalité euphorique qui ne tient pas seulement au caractère ludique de la compétition, mais correspond chez les antagonistes à une commune jubilation intime. En s'éloignant apparemment les uns des autres au niveau de leurs choix idéologiques, les assistants techniques se révèlent implicitement complices dans un même projet affectif porté sur le tiers-monde. Leurs manières contradictoires de signifier ces vacances ne sont qu'autant de variations conduites autour d'un thème unique, de contenus engagés à l'intérieur de démarches psychologiques formellement répétitives dont le contrôle leur échappe. Et tout se passe comme si, à travers ses désunions explicites, la société coopérante exprimait paradoxalement sa véritable unité.

1. L'APPROPRIATION

La coopération offre le dernier épisode des tribulations exotiques de la conscience européenne. Cette histoire peut être interprétée comme le déploiement toujours plus oppressant d'une volonté d'appropriation. Quand, vers la fin du Moyen Âge, l'Occidental s'ouvre au reste du monde, c'est à un moment bien précis de son évolution spirituelle.

L'affaiblissement de l'Église et des représentations de la destinée humaine qu'elle lui proposait le place devant la nécessité culturelle de refonder une relation avec lui-même qui soit le substitut de sa relation avec la divinité. Ainsi que l'écrit justement

Robert Jaulin : « Dieu était le lieu du monde, mais le monde n'était pas son lieu [1]. » Recréer l'aventure en Dieu dans l'univers, se constituer comme autre par rapport à l'ailleurs, se confronter à soi à travers le dépaysement, telles sont les significations profondes qui guident, dès leur départ, les évasions ultramarines de cet homme occidental.

Dans un lien au monde établi sans médiation métaphysique, il engage d'emblée les modes psychologiques qui, avec les mythes de l'amour, surgissent en déviation de la tradition chrétienne. « Il affecte une valeur transcendante à toutes les catégories de l'éloignement qui sont représentées magiquement comme devant favoriser une renaissance... Faisant de l'exotisme le prétexte essentiel d'une mise en scène de la création, il concilie, dans une démarche d'appropriation continuellement renouvelée, la fascination de se perdre et le désir de se trouver [2]. » Il pose donc une distance entre son projet et sa réalisation [3], et en jouant simultanément sur les principes de l'identité et de la différence, de la proximité et de l'écart, en réduisant sans cesse l'échange, pérennise une exigence de possession qui, au cours des siècles, va se resserrer puis se refermer suivant des enchaînements et avec une déperdition d'énergie dont le processus a été mis en luminère par Nietzsche.

Sans doute cette pénétration de l'univers s'articule-t-elle à chaque étape autour d'une violence mi-

1. *La Paix blanche*, tome 2 (*L'Occident et l'Ailleurs*), p. 27. Jaulin présente la singularité d'aller assez loin dans l'analyse du processus d'appropriation occidental et de le vivre individuellement sous ses formes extrêmes.
2. Michel Siméon, *L'Économiste et le Sauvage*, p .8 . Dans cet ouvrage est parfaitement explicité le phénomène.
3. Voir Denis de Rougemont, *L'Amour et l'Occident*, chap. 1.

litaire, politique, économique, qui fait elle-même l'objet de légitimations ou de dénonciations. Mais si ces discours idéologiques possèdent d'abord un rôle collectif tour à tour justificateur et démasqueur, ils remplissent surtout une fonction individuelle souterraine : en suscitant des interdits, en mettant en contradiction les formulations proclamées et la pratique effective, en donnant la possibilité de nier ce qui est affirmé, ils permettent à l'Européen d'occulter son désir tout en lui opposant des points d'achoppement, de maintenir dans un même mouvement à la fois l'altérité de l'ailleurs ou la sienne, et l'intensité de sa démarche d'appropriation.

L'amour et l'Occident

C'est donc au XVIe siècle que débutent réellement l'expansion européenne et le décloisonnement de la planète. Le vieillissement d'une époque, la sclérose de la noblesse, le déclin des corporations, les progrès technologiques, les théories mercantilistes, le contrôle des routes terrestres orientales par les Arabes, sont autant de phénomènes qui, ajoutés à la crise du christianisme, précipitent les expéditions maritimes et les poussent toujours plus outre. Durant ces ères de voyages et de conquêtes, l'activité déployée dans l'action suffit à nourrir un dessein qui se développe en force sur le mode de l'appropriation simple. Pour l'Occidental, il s'agit de créer une distance entre soi et l'univers, de se découvrir dans la découverte, de mesurer sa puissance, d'écrire « la prose du monde [1] », et cette volonté démonstrative s'exprime essentiellement

1. Voir Michel Foucault, *Les Mots et les Choses*, chap. 2.

dans le recensement et la capture des choses. L'exploration, l'émerveillement, les rencontres, les périls naturels, les combats, les émigrations, et leurs prolongements scientifiques sous forme d'inventaires, de classifications, de cartographie, d'études physiques, climatologiques, botaniques, zoologiques, épuisent presque entièrement un désir européen brutal de possession qui glane le long de ces courses ultramarines ses propres excitants : épices, café... L'indigène demeure en marge de cette procédure d'appropriation. C'est une création de Dieu bizarre, baptisable, esclavagisable ou massacrable à discrétion, qui appartient encore fondamentalement à la nature. Innocent, ingénu, il provoque dans les meilleurs cas une curiosité bienveillante ou éclairée, alimente des spéculations philosophiques sur l'état de société, fournit par son observation l'occasion de relativiser les coutumes de l'ancien monde ; mais si sa présence est un obstacle à l'établissement de colonies qui sont alors uniquement organisées autour de leur peuplement de colons, il est purement et simplement exterminé. D'où, déjà, l'émergence de protestations idéalistes : Las Casas, etc.

Les intérêts qui sous-tendent cette expansion sont principalement commerciaux : or, traite négrière, produits tropicaux, ouverture de comptoirs, maîtrise des routes maritimes, et ils se déguisent idéologiquement derrière la nécessité d'évangéliser la terre. Aussi l'intensité de la pratique possessive simple peut-elle individuellement se pérenniser à travers une permanente transgression des interdits religieux : débauche sexuelle [1], viols, pillages, génocides...

1. La vie sexuelle des missionnaires donne un exemple parfait de ce type de transgression et de son occultation vécue jusqu'à nos jours où,

Avec le deuxième âge de la conquête, au XIXe siècle, les intérêts se transforment. L'ailleurs devient le lieu d'affrontement des nationalismes européens qui transportent outre-mer leurs rivalités et leurs rêves de grandeur. L'idéologie, influencée par les idées de la Révolution française, parle maintenant d'égalité en droit de tous les hommes, d'organisation de la colonie autour des indigènes, et justifie occupations et annexions au prétexte de libérer les peuples, de les délivrer de l'esclavage, de leur apporter la justice. Mais en réalité, l'autochtone n'est pas davantage intégré à un projet d'appropriation qui, au mépris souvent expéditif de son existence, continue à porter d'abord sur les choses. La sensibilité occidentale, telle que la reflète la littérature coloniale du temps, appréhende encore l'exotisme comme une opacité naturelle vierge que l'Européen s'emploie à domestiquer grâce à une science dont il découvre ainsi les pouvoirs et qui lui renvoie de lui-même une image intrépide et ingénieuse. C'est toujours le mode de possession simple, narcissique, qui se perpétue et trouve dans la violation des principes démocratiques : usurpations, tueries..., les saines stimulations de son désir.

L'achèvement de la conquête et la stabilisation des Empires débouchent, à partir des débuts du XXe siècle, sur une phase de contemplation et de structuration des colonies. La force le cède à la conscience, le conquérant se mue en bâtisseur ou en administrateur, et la bourgeoisie européenne, soucieuse de fon-

après avoir caché les seins des indigènes (sous couvert de répression), l'Occident dévoile ceux de ses femmes (sous couvert de permissivité).

der sa légitimité politique sur des valeurs universelles et sur des objectifs nationaux qui détournent la société civile de ses divisions internes, formalise alors l'idéologie coloniale. Celle-ci, empruntant son argumentation à la fois à l'héritage intellectuel révolutionnaire et aux thèses évolutionnistes qui prospèrent à l'époque, attribue une mission à l'Occident. L'exploitation, l'économie de traite, l'appropriation juridique des choses, qui constituent les intérêts objectifs de l'imposition impériale, se dissimulent sous un discours dont l'homme devient la vedette et qui exalte la vocation des nations civilisées à éveiller les peuples attardés, à les éduquer, à leur transmettre le progrès. Le projet culturel européen se déplace en grande partie autour de l'autochtone qui fait du même coup son entrée dans la littérature exotique. Et par rapport à cette nouvelle idéologie, deux types d'appropriation apparaissent et se superposent à un mode de possession simple dont les petits aventuriers, trafiquants et marginaux du folklore colonial assurent la continuation dégénérée.

L'un, impuissant, s'investit dans une relation utilitariste aux choses en refusant d'intégrer les hommes autrement que par leur force de travail. Ce colonisateur réaliste envisage l'indigène comme l'envers douteux et menaçant de sa blanche présence, et il transgresse les codes civilisateurs officiels en s'adonnant à toutes les formes de racisme, en dévalorisant tout ce qui relève de l'ailleurs, en assurant impossible toute évolution de ces pays. Il s'écarte avec répugnance du monde indigène, et pour mieux éterniser la jouissance qu'il tire de son absence de désir, le taquine parfois en affectant de réduire cette distance ; ainsi se flatte-t-il de servir les intérêts de la population locale quand il se consacre à ses profits particuliers, ou gratifie-t-il d'une protection bienveillante mais goguenarde quelques natifs élus qui sont pour lui les exceptions confirmant l'altérité négative globale de l'espèce autochtone [1].

L'autre, chaste, veut engager la promotion des hommes dans la mise en valeur des choses. Ce colonisateur idéaliste s'installe dans la parole impériale et la magnifie. Il déclare prendre en charge le retard des indigènes, assumer leur différence et détecter chez eux des potentialités positives. Il s'applique à les traiter en membres à part entière de l'humanité, à reconnaître leur dignité, à les entourer de paternalisme. Mais la chasteté de son désir n'est que la sublimation d'une impuissance. S'il dépasse son dégoût dans l'idéalisme, son dessein implique que l'autochtone demeure sagement à distance, exige le maintien d'une altérité qui permette à cet amour de s'exercer platoniquement. Tout en conférant à sa mission une finalité d'assimilation, il rend donc cet objectif inaccessible dans les faits, recourant pour cela en dernière analyse à des allégations racistes. Car cette intégration, en démantelant la relation coloniale, ne ruinerait pas seulement ses privilèges sociaux et économiques, comme le remarquent Memmi [2] ou Martinkus-Zemp [3]. Elle supprimerait

1. Ce type d'Européen constitue l'élément le plus stable de l'expatriation occidentale et subsiste après les reflux qui suivent la décolonisation. En effet, dans la mesure où il parle le langage élémentaire de l'impérialisme, à peine camouflé, sa présence est la plus supportable pour les populations indigènes.
2. *Op. cit.*, p. 162.
3. *Op. cit.*, p. 219.

surtout la fonction psychologique latente de l'idéologie en instituant une proximité de l'indigène qui entraînerait inévitablement la retombée de son désir.

L'apogée des Empires européens coïncide avec l'irruption d'inquiétudes ou d'incertitudes sur l'œuvre coloniale. L'étude des peuples assujettis, l'ouverture anthropologique à la cohérence de leurs systèmes sociaux, la réhabilitation de leurs expressions artistiques, la vogue du relativisme culturel et les doutes qui, parallèlement, commencent à assaillir l'Occident quant à la suprématie de sa civilisation, conduisent l'élite colonisatrice à jeter les bases d'un contrat social rénové entre les métropoles et l'outre-mer. Un courant humanitaire circule qui milite pour une association librement consentie, une communauté pluri-raciale, l'établissement de *liens d'amour*, et autres thèmes idéalistes avancés à travers lesquels s'annoncent déjà les premiers temps idéologiques de l'assistance technique [1]. Dans le sillage de ces idées, et en réaction contre les échecs ou les iniquités de la gestion européenne, émerge également chez certains colonisateurs une mauvaise conscience qui, dans les cas extrêmes, peut les amener à « fronder les autorités jusqu'à ce qu'ils soient remis à la disposition de la métropole [2] » ; considérablement accentuée dans ses caractéristiques psychologiques (renversement de l'altérité, expiation), mais fort affadie sur le plan de sa détermination, cette culpabilité réapparaîtra et se propagera triomphalement à la deuxième époque de la coopération.

1. Voir Raoul Girardet, *L'Idée coloniale en France*, p. 189.
2. Albert Memmi, *op. cit.*, p. 81.

La décolonisation est conçue comme une remise en ordre fondamentale du monde. Mais la restitution juridique des choses n'empêche pas les intérêts occidentaux de demeurer sensiblement identiques : exploitation économique, domination politique et culturelle, et le discours idéologique est seulement ravalé. On parle maintenant de développement, d'aide, de coopération, de non-ingérence, de respect mutuel, d'hommes, de femmes, d'enfants. Si les modes de possession simples ou impuissants s'adaptent et persistent toujours, l'un s'avachissant dans la quête pacifique de valeurs écologiques, l'autre se confortant dans la thésaurisation sans risques et la prébende, le projet d'appropriation chaste se referme passionnément autour de l'indigène. Pour le coopérant idéaliste, pionnier des ultimes aventures de la dialectique amoureuse européenne, l'indépendance crée cette nouvelle distance par rapport à laquelle peut s'exaspérer son désir, et alors même que la colonie se trouve historiquement abolie, il ne cesse de la reconstituer symboliquement dans sa pratique effective. Il délimite avec intransigeance les règles qui lui interdisent de s'immiscer dans les affaires intérieures locales, mais sous le prétexte de leur montrer l'exemple, il se substitue tout le temps aux autochtones, capturant ainsi à la fois les hommes et les choses. Et comme il ne rencontre que lui-même, durant ces chastes étreintes, il peut jouer, sans filet ni préservatif, un personnage de démiurge enfermé dans sa mégalomanie privée. Il invoque ses écrasantes responsabilités, l'urgence de sa mission, la gravité de son apostolat, et plus encore que les fonctionnaires de la France d'Outre-Mer, qui recevaient un semblant de formation coloniale, se définit par son incompétence, son irresponsabilité, son impunité professionnelle[1]. Il pérore ou sanglote publiquement sur le sous-développement, confie dramatiquement les recettes miraculeuses du progrès, et cette enflure verbale socio-économique voile son incapacité complaisante à modifier d'aucune manière la situation, révèle son obstination aigre à n'envisager la pauvreté des nations qu'en termes d'imputation culturelle ou caractérielle des torts. Il prétend ne pas hésiter à se salir les mains, mais il n'a pas de mains, se pavane dans des attitudes de vieux broussard confronté à l'action concrète, et descend sur le terrain avec des prudences effarouchées de touriste en rupture de groupe.

Cependant, si son personnage repose implicitement sur la non consommation des rapports, cet assistant technique réclame explicitement de l'indigène un consentement à ce mariage blanc. Il vit journellement les privilèges, avantages sociaux, facilités financières que lui confère son statut, mais vilipende les profiteurs ou les jouisseurs, exige d'être aimé comme un bienfaiteur, d'être reconnu par les autochtones pour son désintéressement, sa générosité, son dévouement : « Nous voulions parler en amis, et les gens cherchaient à nous tirer des dollars, des piastres… Ils nous proposaient des petites filles, des petits garçons. Il a fallu que nous fassions quelque chose, le coup du drapeau, pour qu'enfin on

1. Sans parler du système d'embauche qui se situe en fidèle continuité d'un mode de recrutement colonial où, à en croire Leroy-Beaulieu, « il n'y a d'autres lois que le hasard et le favoritisme » (*De la colonisation chez les peuples modernes*).

nous voit comme nous étions [1]. » Tel son homologue colonial idéaliste, le coopérant chaste est fondé dans sa projection par le compliment rituel de l'indigène. Et alors que pour le premier, représentant de la force impériale, cette gratitude faisait partie des hommages mécaniques du colonisé, le second, armé seulement de la parole conscientisante, ajoute à sa démarche possessive l'onctueuse jouissance d'aller quémander, provoquer, arracher la reconnaissance de ses assistés.

La mauvaise conscience, qui apparaît en contrepoint des échecs de cette coopération idéaliste, détermine une complète inversion psychologique du processus d'appropriation. Au nom de la lucidité politique, l'idéologie officielle est démasquée dans son rôle justificateur et combattue à travers des contre-idéologies qui analysent le sens réel de l'assistance technique. Le principe de l'altérité est retourné. Le colonisateur idéaliste, et surtout les premiers coopérants, disaient à l'indigène : *Vous êtes handicapés, sous-développés, mais je vous ai compris, je suis là pour vous aider : aimez-moi.* Désormais l'assistant technique

1. J.-P. Debris et A. Meuras, *Le Nouvel Observateur*, n° 430. Il s'agit de ces deux coopérants qui, dans un geste non dépourvu de quelques relents de conquête, plantèrent en pleine guerre le drapeau Vietcong au cœur de Saigon. Un tel comportement est caractéristique de la procédure d'appropriation chaste, même si les moyens utilisés sont inhabituels à des assistants techniques idéalistes qui n'ont généralement pas besoin de passer par les prisons d'un Thieu pour assouvir leur passion. Son caractère exacerbé s'explique par la situation locale des coopérants français, spectateurs d'une histoire dont les acteurs - et notamment les indigènes - leur échappaient totalement. Notons enfin que ce genre d'attitude est tout à fait étranger au mode d'appropriation ascétique, qui fuit frileusement les risques physiques et méprise l'acte politique gratuit.

cultive tristement sa situation « d'étranger à une société dont les motivations lui échappent[1] ». Et bien que le coût social ou professionnel d'une demande de rapatriement soit très inférieur, dans son cas, à ce qu'il pouvait être pour son prédécesseur colonial de bonne volonté, il ne peut se résoudre à déserter les lieux de son tourment. Meurtri par cette expérience du tiers-monde, déchiré par les implications politiques d'une tâche qui lui fait quotidiennement problème, il projette sur les assistés sa culpabilité en leur déclarant : *Ma présence est objectivement malfaisante, la coopération est un cadeau empoisonné, je représente à mon insu des forces d'oppression : détestez-moi.*

Mais si ces contre-idéologies n'ont plus pour but de dissimuler des privilèges, elles remplissent les mêmes fonctions individuelles profondes que les précédentes et permettent au coopérant de maintenir l'intensité d'un désir de possession en niant dans sa pratique ce qu'il affirme, en constituant son altérité comme point d'achoppement insurmontable à ce projet. Il se proclame néfaste, exactement au même titre que ses autres confrères de l'assistance technique, et aspire par cet aveu à devenir le préféré des indigènes. Il cherche à persuader ces derniers de sa radicale extériorité, leur recommande parallèlement : *soyez vous-mêmes,* et en fétichisant l'outil pédagogique, il entend que cette prise de conscience surgisse d'un échange authentique. Bref, en essayant de la dépasser, il expie perpétuellement son altérité, et pérennise ainsi la satisfaction malheureuse d'une

1. Philippe Hugon, *Analyse du sous-développement en Afrique Noire*, p. 2.

volonté d'appropriation sans espoir[1].

L'appropriation ascétique marque l'extrême purification de la démarche affective occidentale. Poussant la lucidité politique jusque dans ses conséquences militantes, s'incluant parmi les forces impérialistes à abattre, le coopérant répand les contre-idéologies de son anéantissement. Il ne dit plus seulement : *détestez-moi,* mais *je me hais,* et sa volonté d'appropriation se développe maintenant contre lui-même, contre sa malveillance, sa veulerie, son nihilisme. Elle passe par une totale dépossession de soi, qui ne peut se réaliser que dans l'identification propitiatoire avec l'indigène. Les termes de la relation coloniale permutent. Tandis que l'assimilation, selon Memmi, impliquait pour l'autochtone « l'amour du colonisateur et la haine de soi[2] », son projet d'identification suppose réciproquement de la part de cet assistant technique l'amour du néo-colonisé et l'autonégation. Mais entre sa volonté sacrificielle et lui-même, il préserve une nécessaire distance en rendant irréductible sa négativité. Tout comme le colonisateur, en différant toujours l'intégration, perpétuait à travers l'altérité de l'indigène l'euphorie de sa pratique idéaliste, le coopérant, en ne se jugeant jamais assez digne de s'identifier avec l'autochtone opprimé ou de partager complètement

1. L'exemple de la cuisine locale et des explications fournies pour en justifier l'absence des qualités désirées est significatif de cette appropriation expiatoire. Si ce coopérant n'aime pas cette cuisine, ce n'est jamais pour de simples raisons de goût : c'est parce qu'il est culturellement aliéné, que la colonisation a entravé l'épanouissement culinaire du pays, etc.
2. *Op. cit.*, p. 156.

l'engagement du révolutionnaire local, fixe à travers sa propre négativité l'intensité de son désir ascétique. Il n'hésite pas à écrire : « J'étais un ouvrier peintre, chômeur et délinquant. Ou un pêcheur Vezo [1], un paysan Mahafaly [2], armé d'une sagaie seulement... J'étais un berger Antandroy [3]. J'avais faim [4]... », et, terrorisé par son audace, revient bien vite publier le récit de ses métamorphoses exotiques aux Éditions du Seuil.

La coopération possessive

À travers sa distribution idéologique en cinq types, la société coopérante présente un raccourci fulgurant des modes occidentaux d'appropriation, et les mène jusqu'à un point limite. Durant cette exploration de l'ailleurs, version grand tourisme et prêt-à-porter intellectuel, les assistants techniques effectuent la traversée organisée des catégories européennes de la conscience, parcourent en cortèges malsains les pistes du nihilisme, bouclent un projet amoureux qui, après avoir porté sur les choses, puis sur les autres, finit par se retourner contre eux-mêmes. De la recherche de l'innocence à l'idéal ascétique, ils peuvent vivre euphoriquement l'épuration d'une démarche qui trouve dans l'inertie compacte du désir et l'abstraction de la volonté ses derniers principes d'économie : l'aventure se dégrade en safaris-photos, la force se réfugie dans le pouvoir d'achat, l'action se dilue dans les interrogations d'une

1. Groupe ethnique malgache.
2. *Ibid.*
3. *Ibid.*
4. François Partant, *op. cit.*, p. 14.

L'OCCIDENT (le chrétien, le civilisé, le colonisateur, le coopérant, le centre)

MODES D'APPROPRIATION *Articulations*	APPROPRIATION SIMPLE	APPROPRIATION IMPUISSANTE	APPROPRIATION CHASTE	APPROPRIATION EXPIATOIRE	APPROPRIATION ASCÉTIQUE
Intérêts	découverte exploration commerce conquête	exploitation économique	exploitation économique	exploitation économique démasquée	exploitation économique démasquée
Contenus idéologiques	évangéliser puis libérer les indigènes	civiliser, aider, développer les indigènes	civiliser, aider, développer les indigènes	*contre-idéologie* la présence occidentale est nuisible en bloc	*contre-idéologie* la lutte anti-impérialiste en général et anti-coopération en particulier
Distance	l'opacité naturelle	la négativité indigène	l'altérité indigène	l'altérité européenne	la négativité européenne
Transgression individuelle	débauche sexuelle, pillage, massacre, esclavage	racisme / paternalisme	paternalisme / racisme	recherche d'une relation authentique avec l'indigène	recherche d'une identification sacrificielle avec l'indigène
Déperdition d'énergie	le conquérant le trafiquant l'écologiste	l'exploiteur le prébendier	l'idéaliste autoritaire l'idéaliste transi	le déserteur le collaborateur	mode limite, fondé d'emblée sur son intégrale déperdition

L'AILLEURS (le sauvage, le colonisé, le sous-développé, la périphérie) subjectivité souffreteuse, le raffinement et l'accélération des idéologies correspondant à cette perte d'énergie qui se manifeste aussi bien à l'intérieur des variations que dans la logique de leurs enchaînements.

Première variation : la recherche de l'innocence (*appropriation simple*). La possession se développe dans un mouvement hédoniste, avec parfois quelques échappées pastorales néo-naturalistes. Le rapport de ce coopérant frivole à la société indigène reste fragile, les diapositives au sein desquelles il se meut risquant continuellement de se déchirer.

Deuxième variation : le ressentiment brut *(appropriation impuissante)*. Une définition limitative et dévalorisante du fait indigène stimule chez ce coopérant réaliste la jouissance qu'il tire d'un désir de possession absent.

Troisième variation : le ressentiment travesti *(appropriation chaste)*. La recherche d'une possession de l'indigène renvoie ce coopérant idéaliste à sa propre projection. Et les allers et retour permanents entre lui-même et cette image délimitent les trajets harassants de sa conscience.

Quatrième variation : la mauvaise conscience *(appropriation expiatoire)*. Ce coopérant torturé connaît l'ambiguïté du dialogue engagé par l'assistant technique idéaliste. Il rumine en contrepoint les raisons probables d'un échec du processus de possession, et vit une jouissance douloureuse.

Cinquième variation : l'idéal ascétique *(appropriation sacrificielle)*. Dans la destruction de soi-même, considéré comme l'obstacle irrémédiable du projet de possession, ce coopérant nihiliste puise les ultimes satisfactions de son désir.

Ces relations d'appropriation ne disparaissent pas une fois le temps de coopération terminé, mais tendent à se perpétuer sous des aspects variés. Beaucoup d'anciens assistants techniques s'empressent de reconstituer à leur profit un environnement tiers-mondialisé, et consacrent leurs économies ultramarines à l'acquisition d'une résidence secondaire située dans une région métropolitaine où les signes extérieurs du sous-développement, qu'ils se sont tant employés à combattre durant leur mission, demeurent garantis et imprenables pour un bon moment. Certains prolongent leurs émotions exotiques idéalistes et renouent avec le ton de leur apostolat estival en s'occupant de travailleurs immigrés : ils tentent de les conscientiser, de les transformer en agents motivés de la modernisation des hommes qui pourront être opérationnels dès leur retour dans leur nation d'origine. D'autres se spécialisent dans des problèmes tricontinentaux, et trouvent dans les revues francophones accréditées : *Jeune Afrique*, *Africasia*, *Topafrica*, etc., des structures d'accueil diversifiées leur permettant de se répartir en fonction de leurs profils idéologiques. C'est l'occasion pour les plus progressistes de continuer à cultiver les formes de paranoïa qui, outre-mer, témoignaient du caractère périlleux de leur engagement ascétique. À les entendre, le moindre article qu'ils écrivent sur leur ex-pays d'affection est immédiatement censuré, et, si jamais il paraît sans coupures, sa violence subversive est telle qu'elle ôte à son auteur tout espoir d'obtenir un jour un visa pour repartir dans ses chères colonies de vacances. De même, quand ils publient le livre classique de leur expérience tropicale, en prenant soin, dans un scrupuleux sursaut d'appropriation, de le truffer de proverbes indigènes de leur fabrication, celui-ci, dès sa sortie, est automatiquement racheté en bloc par les sociétés françaises expatriées qui y sont attaquées. Et seule la modestie de leurs tirages dissuade ces écrivains persécutés de pousser plus en avant leur mégalomanie en prétendant alourdir, grâce à leur talent, les coûts externes du grand capital [1]. Quelques-uns persévèrent dans la lutte anti-impérialiste et entretiennent avec leur terrain exotique des rapports serrés, en s'appuyant sur un réseau mystérieux d'informateurs dont ils tirent mandat pour conserver le monopole de l'analyse, de la pétition, de la collecte. En s'exerçant au centre, ce militantisme leur apporte d'ailleurs des satisfactions affectives plus suaves qu'à la périphérie : sous le prétexte de les dépanner, de les guider, de les héberger, ils peuvent accaparer les indigènes révolutionnaires de passage, veiller sur les exilés politiques et ainsi vivre dans la stricte intimité de leurs modèles d'identification. Les plus habiles enfin parviennent à s'introduire dans le cercle international très fermé des

1. Les éditeurs versés dans le tiers-mondisme, qui sont les premiers à dénoncer ces pratiques de rachat massives, devraient être économiquement conséquents avec leur prétention et tirer leurs auteurs à des chiffres mirobolants.

experts où ils se concoctent un programme de missions les assurant de ne pas débrunir de l'année.

Même quand elles sont sans retombées directes, ces vacances au Club constituent pour les assistants techniques démobilisés une précieuse référence dans un contexte occidental élargi qui fait du tiers-monde la zone franche d'un processus collectif d'appropriation. L'altérité, définie par rapport à l'indigène ou à soi, dresse plus que jamais le point d'achoppement mythique sur lequel le désir européen de possession crispe son identité. Cette altérité peut être grotesque (Amin Dada), mais « elle nous renvoie une image déformée de nous-même [1] » ; elle peut être énigmatique (La Chine), et elle nous remet alors en question, « oblige le vieil idéalisme occidental à compter avec la pensée matérialiste, traduite en une réalité vivante [2] ». L'essentiel est qu'elle demeure, à la fois opaque et saisissable, ailleurs et proche, que l'ancien monde puisse avoir une prise sur elle, même et surtout contre lui-même. La fin de la guerre du Vietnam, ce fut pour le spectateur européen le brusque évanouissement d'une euphorie qui, par-delà les enjeux idéologiques, naissait ascétiquement des convulsions répétées de l'agresseur occidental [3]. Plus grave encore, en se fermant délibérément au regard de l'Étranger, la révolution cambodgienne a commis un irréparable péché contre cet esprit d'appropriation, provoquant aussitôt parmi les scrutateurs pa-

1. Conclusion du film de Barbet Schroeder, *Amin Dada*.
2. Maria-Antonietta Macciocchi, *De la Chine*, p. 17.
3. « Je n'ai jamais vu pour ma part de mines plus consternées dans les rues et les cafés de la gauche parisienne que lors de la prise de Saigon », Régis Debray, *Les Rendez-vous manqués*, p. 49.

tentés du tiers-monde une levée d'indignations, de supputations, de rumeurs, de condamnations, et autres manifestations passionnelles d'une volonté possessive totalement frustrée.

Désormais, l'ailleurs est quadrillé en circuits de la décompression affective. Chagrin d'amour, malaise de civilisation, dépossession d'Histoire, etc., sont autant de raisons pressantes qui envoient les impétrants du tourisme idéologique chercher sur d'autres rivages l'expression adéquate d'une désolidarité avec leur propre société. Voyageant par charters entiers ou solitaires, anthropologues, économistes, sociologues, docteurs en déstabilisation guindés et migrants hirsutes de la contre-culture, vont ainsi rituellement faire leur pèlerinage aux sources de l'échange symbolique et de la révolution, accomplir leur check-up politique tropical, s'imprégner d'une « exotique jouvence[1] ». Ils partent à la rencontre de l'autre afin de mieux se perdre à eux-mêmes, déversant leurs cargaisons d'analyses et de modèles, leurs vieux discours sur l'impérialisme, et, à travers eux, leurs impérieux desseins d'appropriation idéaliste, expiatoire, ascétique. On peut imaginer que le marketing des loisirs conduira un jour quelque organisme à planter ses bungalows dans des aires de guérilla et à former des sections touristiques spéciales pour intellectuels en mal d'extrémisme. Les sédentaires ou les estivants occasionnels vivent pareillement à l'heure du tiers-monde. Ils oublient l'homme précaire et leur facticité d'Européens en

1. *Ibid*, p. 86.

cultivant un jardin tropical secret, ce laboratoire politique latino-africain dont ils suivent en protecteurs avertis les mutations sociales, sur lequel ils renferment possessivement un type d'intelligibilité, en qui ils investissent leurs espérances planétaires. Il n'est pas jusqu'aux révolutionnaires occidentaux qui ne se maquillent et trouvent dans un idéal psychodramatique tricontinental des atours folkloriques de confection : Katangais, Maoïstes, Palestiniens..., leur permettant d'ajuster les battle-dress aux derniers cris de l'identification propitiatoire.

Mais comme le souligne Jean-Marie Benoist, en se situant ainsi dans le champ de « la métaphore exotique », ces pénitents et contestataires de toutes affiliations « confessent que leur désir secret est de ne pas faire aboutir la révolution [1] ». Celle-ci annulerait en effet la fonction allégorique de l'ailleurs, et briserait les charmes exquis et toujours rénovés de l'appropriation ascétique.

2. La rupture

À partir de l'avènement de la mauvaise conscience comme type dominant, l'idéologie coopérante se développe et se reproduit autarciquement. Reposant sur une dénonciation de l'aide et de l'action officielle, elle se replie dans une problématique de l'assistance technique qui engendre ses propres enchaînements psychologiques, et trouve dans l'idéal ascétique une expression irréversible. Au

1. *Marx est mort*, p. 159. Là où Benoist parle de « relation incestueuse », nous parlerons plutôt de désir incestueux toujours différé.

cœur de leurs séminaires, puis de leurs chapelles, ces dernières vagues de coopérants s'immobilisent dans l'attente délicieuse et redoutée du grand renversement dialectique mondial. L'euphorie de ces formes d'appropriation négatives croît au rythme de leur radicalisation verbale. Leur intensité est en elle-même annonciatrice d'une morte-saison des amours entre l'Occident et l'ailleurs.

Tout en procédant, à travers leur évolution diachronique, d'une logique autonome, ces idéologies prétendent toutefois confisquer symboliquement l'Histoire. Par leur impact professionnel, leur enseignement dirigé, leurs tentatives d'activisme, les coopérants ascétiques opèrent un travail sémantique souterrain, transmettent aux assistés les théories et les méthodes d'analyse politique qu'ils élaborent à l'intérieur des villages. Aussi les brutales intrusions du réel dans leur imaginaire révolutionnaire constituent-elles pour eux la source de gigantesques malentendus. Voyant la société indigène s'émanciper des impérialismes étrangers en reprenant les thèmes et le vocabulaire de leur combat, ils en oublient aussitôt le sens sacrificiel de cet engagement, et loin de se sentir exclus, s'appliquent spontanément à renforcer leur démarche d'appropriation en flattant ou en conseillant les nouveaux responsables autochtones. Mais ils constatent alors amèrement que ceux-ci sont engagés dans un processus historique sur lequel ils n'ont plus aucun contrôle, que leur présence est définitivement indésirable, et se retrouvent hébétés devant la rupture, consommée cette fois, du vieux lien d'amour.

L'exemple de Madagascar

Le samedi 13 mai 1972, le Tout Tananarive de la coopération ascétique se presse sur les balcons de l'avenue de l'Indépendance. Sous les yeux de ces assistants techniques, les lycéens et étudiants de la capitale, qui composent leur auditoire favori, sont en train de défier les forces de l'ordre. Voici plus d'un mois que la jeunesse malgache fait la grève de l'école ou de l'université, se mobilise et rassemble la population autour de thèmes dont les coopérants suivent avec ferveur l'implacable progression idéologique : « Coopération = Trahison », « Non à l'impérialisme culturel », etc. Et en cette journée du 13 mai, l'affrontement est devenu inévitable entre le peuple tananarivien presque entièrement massé et le vieux régime Tsiranana légué par la colonisation. Du haut de leurs postes d'observation, les assistants techniques donnent libre cours à une émotion qui s'investit autant dans l'exacerbation du sentiment de possession : « Ce sont nos lycéens », que dans l'excitation du commentaire sportif : « Les étudiants mènent 3-0 à la mi-temps »... Vibrant aux mouvements de leurs troupes, les encourageant, s'identifiant à elles, ils observent en fins stratèges le champ de bataille, et lorsque la police, pour calmer leurs appréhensions angoissées, se décide enfin à tirer sur la foule, l'émotion tourne chez eux au délire affectif. Vivant le sacrifice par procuration, ils éprouvent à travers le meurtre de leur frère putatif indigène les tous derniers frissons euphoriques de leur séjour touristique à Madagascar.

Ces événements créent dans la société malgache

une cassure qui, jusqu'à la prise en main de la situation par un gouvernement militaire nationaliste, ouvre sur une brève période de vacance du pouvoir, de troubles, d'incertitudes. Ces quelques jours d'agitation et de confusion se traduisent dans l'ensemble de la communauté française locale par une explosion incontrôlée de réactions, de comportements, de discours passionnels. Complètement perturbés dans leur quiétude post-coloniale, soudainement amenés à s'interroger sur eux-mêmes, ces métropolitains expatriés se révèlent alors tels qu'ils sont et font allègrement voler en éclats le système de représentations sur lequel reposaient auparavant leurs relations. Étant donné l'absence de toute violence xénophobe, qui aurait obligé les étrangers de diverses provenances à se regrouper, le rapport de démarcation que les coopérants entretenaient avec les membres de la société française traditionnelle se trouve modifié. Ces derniers, se désolidarisant à la fois de leurs prédécesseurs coloniaux et des assistants techniques, voient sans déplaisir la coopération qualifiée de nouvelle forme de colonialisme. Leurs propos teigneux libèrent une rancœur longtemps tue vis-à-vis de ceux qui, la veille encore, affichaient à leur égard mépris et condescendance. Et de fait, ces personnages-repoussoirs du folklore coopérant apparaissent finalement assez anodins et discrets dans la tourmente, incarnant plutôt un acte manqué de l'impérialisme face à l'acte réussi que représente l'assistance technique. Leurs idéologies résistent généralement mieux à l'événement que prévu, certains traits en sortent même consolidés : apolitisme, utilité économique, enracinement dans le pays, etc., et leur interprétation de la conjoncture, aussi stéréotypée soit-elle, soutient honorablement la comparaison avec les divagations rocambolesques de leurs compatriotes coopérants.

À l'intérieur du Club, la codification des attitudes mutuelles engendrée par la compétition idéologique se désagrège brusquement. Implicitement, les assistants techniques se sentent attaqués dans leur commune démarche d'appropriation, indissociablement solidaires dans l'agression, et les plus éloignés par leur conscience tricontinentale se livrent à des fraternisations aussi chaleureuses qu'inattendues. Désœuvrés professionnellement, effrayés par l'insécurité de la rue, bloqués par le couvre-feu, ces coopérants se réfugient dès le début des incidents dans des modes d'existence sans précédent. Une réaction émotive générale leur permet de surseoir à la disparition de la seule illusion qui puisse encore les retenir : celle de l'unité sociale. Ils exaltent le mythe communautaire, et, se retranchant dans leurs cités, y miment une situation d'assiégés. Ils dramatisent les problèmes de ravitaillement, délèguent aux femmes le soin de constituer des stocks alimentaires, d'élaborer des plans de rationnement et des projets de coopérative. À l'affût d'informations, ils tentent de capter les radios étrangères, organisent des écoutes collectives, expédient sur les lieux de manifestations des éclaireurs téméraires qui, une fois revenus, animent des cercles avides de sensations fortes. Les rumeurs les plus fantaisistes se propagent : « Des pogroms sont prévus pour les Français », « Les côtiers montent sur Tananarive », « L'eau est empoisonnée », « L'armée française prépare un plan massif d'évacuation», etc., et donnent à tous ces reclus l'impression de vivre dangereusement. Ils vont même jusqu'à former des commandos d'autodéfense, armés de machettes ou de couteaux, qui montent une garde nocturne vigilante autour des bâtiments coopérants, et sous la protection desquels viennent s'abriter certains transfuges émigrés de leur demeure isolée.

Les assistants techniques du groupe ascétique sont les premiers à échapper à cette psychose générale et à se reprendre. Analysant l'évolution politique immédiate du pays, ils croient voir leurs prophéties réalisées, leur action justifiée, et essayent de participer à la révolution malgache en utilisant dans ce sens les relations personnelles qu'ils avaient nouées avec les intellectuels indigènes progressistes. Mais ceux-ci les démasquent sèchement dans leur inlassable projet d'appropriation et les rejettent sans ménagement [1]. Ils cherchent alors à exploiter les circonstances pour récupérer au profit de leur idéologie la disponibilité des coopérants et leur besoin de se resituer. Sans se découvrir, ils font circuler une motion [2] qui témoigne toujours de cet irrépressible désir

1. Interviewé peu avant cette explosion sur les ondes nationales, un des jeunes leaders de l'opposition d'extrême gauche affirmait que les coopérants les moins antipathiques étaient encore les jouisseurs sans problèmes, les plus intolérables devant être cherchés du côté des torturés de la conscience (Radio Université, mars 1972).

2. « Nous Français, résidant à Madagascar, bouleversés par les événements tragiques de ces derniers jours :

1. Déclarons nous associer à la douleur des familles des victimes et partager leur deuil.

2. Conscients de l'état de grave tension qui en résulterait, estimons que les forces françaises doivent s'abstenir de toute intervention.

3. Estimons nécessaires la révision des conditions de la coopération. »

de possession, et s'efforcent d'en mobiliser les signataires par la structuration et la réunion de cellules de quartier. Cette tentative tourne elle aussi rapidement court. Dès que l'intensité des événements retombe, la communauté coopérante s'éparpille, le climat psychologique artificiel qui la fondait s'évanouissant.

Pour les assistants techniques qui restent comme pour ceux qui arrivent dans les villages de vacances malgaches après cette rupture, la colonie n'est plus du tout ce qu'elle était. Si les conditions sociales, les privilèges, les plaisirs tropicaux subsistent en grande partie, la société coopérante paraît visitée par un étrange désenchantement [1]. L'ambiance est pourrie, soupire-t-on au Club, en maudissant la tristesse des socialismes exotiques. Mais ce changement d'atmosphère n'est pas essentiellement créé par les nouvelles orientations politiques du pouvoir : il est d'abord lié au processus d'affranchissement symbolique qui a précipité cette mutation historique. Les assistants techniques sont dorénavant destitués de la complicité qui les soudait voluptueusement dans une démarche collective de captation, et, parmi eux, la communication idéologique ne s'effectue plus qu'à travers le dépistage concerté des signes de rejets tangibles dont ils se sentent l'objet. Certains modes de possession simples ou impuissants [2] peuvent persister individuellement, mais l'univers indigène se dé-

1. Cette décomposition de la vie sociale correspond alors dans le milieu coopérant de Madagascar à une série de suicides qui peuvent être analysés comme anomiques.
2. Ce type d'assistant technique tire même de la nouvelle situation à la fois des arguments le confortant dans son racisme et des occasions de profit, en contribuant à transférer les capitaux des minorités nationales ou étrangères privilégiées.

robe globalement aux assauts de la conscience occidentale, refuse d'être maintenu autre dans le champ du même, ou réciproquement, et prive ainsi le voyage ultramarin contemporain de sa dimension fondamentale.

L'exemple du Laos

Jusqu'en 1975, les coopérants français affectés dans l'ensemble de l'ancienne Indochine vivent leur situation de manière particulière. Reportant sur les Américains tous les péchés de néo-colonialisme, ils se dissimulent largement les implications politiques de leur mission. Ils se considèrent même comme les garants d'une certaine liberté, faisant par exemple de l'enseignement du français l'argument d'un combat contre l'impérialisme culturel anglophone. Et chez eux, la compétition idéologique est moins articulée à une problématique générale du développement qu'aux significations données à une guerre dont ils observent le déroulement avec une bonne conscience péremptoire [1].

Au Laos, qui n'est inséré qu'indirectement dans le conflit, et où la montée des forces nationales de libération s'opère relativement pacifiquement, par compromis successifs, les péripéties limitrophes sont suivies avec un léger décalage. Les villages de vacances, peu à peu regroupés sur Vientiane, demeurent encore fidèles à leur vocation touristique, Bangkok n'est pas loin, Pattaya non plus, et les assistants tech-

1. Le coopérant communiste tient dans cette compétition un rôle plus important qu'ailleurs, car il peut concilier sa vision progressiste du tiers-monde avec des prises de position politiques légitimées par l'agression étrangère.

niques, tout en envisageant chroniquement les pires éventualités, bénéficient de conditions estivales de séjour presque normales.

Mais à partir du printemps 1975 se produit une accélération de l'Histoire. La prise de Phnom-Penh, la chute de Saigon, et la progression concomitante de l'influence communiste au Laos provoquent une grande agitation dans la communauté coopérante qui, en fonction de ses clivages idéologiques, s'enthousiasme, s'affole, ou bien se rassure en décrétant que le collectivisme est incompatible avec la mentalité indigène laotienne. La Mission Culturelle Française devient un lieu de rassemblement spontané où les assistants techniques de toutes paroisses s'abordent fébrilement et cherchent à soutirer les uns des autres des nouvelles fraîches. Beaucoup s'inquiètent pour leur avenir professionnel, se préoccupent du sort de leurs objets en cas d'évacuation massive, et quêtent vainement des assurances auprès des dirigeants locaux du Club qui sont tout autant désorientés qu'eux. Cette atmosphère de désarroi est renforcée par les récits complaisants du petit personnel de la Mission, constitué pour l'essentiel de métis franco-vietnamiens qui se plaisent à exagérer les atrocités communistes et les malheurs qui s'apprêtent à fondre sur le pays. L'imminence du changement de régime se traduit parallèlement chez les assistants techniques par une cure publique de moralisation. Le club hippique et les courts de tennis sont désertés. La bourgeoisie nationale, dont la fréquentation était auparavant l'enjeu de nombreuses convoitises sociales, est maintenant dénoncée dans sa collusion avec les intérêts américains, dans son rôle de fantoche, et courageusement boycottée. Les coopérants les plus progressistes arborent des tee-shirts frappés aux derniers slogans révolutionnaires, applaudissent inconditionnellement aux manifestations du Pathet Lao, tentent même de participer au mouvement, mais ne rencontrent aucune audience, si ce n'est celle, obligatoire, de leurs étudiants.

Le 2 décembre, la République est proclamée. Désormais privés du bouc émissaire américain et de ses laquais indigènes, sur qui se cristallisait la culpabilité historique, les assistants techniques ne tardent pas à retourner le ressentiment contre eux-mêmes, et à s'accuser à leur tour de néo-colonialisme. La mauvaise conscience se répand parmi eux et prend diverses expressions symboliques. Ces coopérants s'estimant soudain trop payés et, de surcroît, en devises étrangères, demandent à être rémunérés au coût local de la vie, et en kips. Ils signent une pétition dans laquelle ils exigent que les produits des économats militaires français soient offerts aux autorités nationales. Pour suivre les consignes gouvernementales diffusées dans la population, ils s'efforcent, à l'image de leurs camarades autochtones, de cultiver un lopin de jardin potager derrière leur maison, etc. Très rapidement, cette culpabilité vire à l'idéal ascétique. Le Pathet Lao compose trop, déplore-t-on dans les chapelles coopérantes anti-impérialistes de Vientiane, et il doit se débarrasser de toute forme d'assistance technique. Sans plus de succès qu'avant, ces militants essayent de convaincre à leurs idées les responsables, de s'engager à leurs côtés, de développer vis-à-vis d'eux leur désir neuf d'appropriation négative.

Ce travail de la conscience a pour contrepoint une dégradation des conditions quotidiennes de l'existence au Club. Les coopérants se déclarent en butte à d'incessantes vexations de la part de la nouvelle administration, voient leurs avantages diminués, s'énervent à cause des refus de visas, se plaignent des barrages de police, des interdictions de circuler, des rationnements occasionnés par la fermeture de la frontière avec la Thaïlande. Le groupe ascétique s'emploie dans un premier temps à rassurer ses collègues, affirmant qu'il s'agit d'une phase normale de difficultés et d'austérité par laquelle le régime est obligé de passer. Mais constatant que les choses ne vont pas en s'améliorant pour eux, que leurs entreprises de séduction n'aboutissent à rien, ils finissent par rejoindre dans une même indignation le gros de la troupe coopérante qui peste devant l'impossible rapatriement de ses chaînes Hi-Fi, ou la mévente des voitures[1]. Ils rationalisent leur volonté d'appropriation déçue en décelant dans le phénomène démocratique laotien des prémisses de totalitarisme, la résurgence d'une gabegie, l'émergence d'une classe de privilégiés, et, sans avoir d'autre choix au demeurant, quittent le pays pour se trouver ailleurs un nouveau terrain d'expiation ou de sacrifice.

1. Là encore, ce sont les coopérants participant du ressentiment brut qui retombent le mieux sur leurs pieds, en alliant le déchaînement raciste aux opérations financières sur les reliquats de matériel américain.

Pour une décoopération réelle

Rompre le lien direct d'assistance, ce n'est pourtant pas en finir totalement avec l'appropriation occidentale. Les discours sur le tiers-monde, dont les assistants techniques se font les colporteurs et à travers lesquels s'exprime leur désir de possession, ne sont pas de purs exercices théoriques, mais se trouvent eux-mêmes corrompus sur le plan de la rigueur par leurs fonctions latentes. L'enchaînement des idéologies est moins le fait d'une activité de la pensée que d'une adaptation symbolique répétée à l'évolution mécanique des modes de captation, qui place les spécialistes du développement et leurs exégètes coopérants sur des trajectoires intellectuelles vertigineuses.

D'un livre à son suivant, le matériel empirique et les catégories de l'analyse demeurent inchangés, seuls le vocabulaire et les apologues pseudo-révolutionnaires se transformant, selon des glissements conceptuels qui correspondent aux nouvelles assignations psychologiques de leurs auteurs [1]. Et les résultats concrets de quinze années de verbalisme tricontinental et d'exportation massive vers l'ailleurs des déchets idéologiques européens sont à cet égard éloquents. Dans un cas, ils se traduisent par la conversion de contre-élites indigènes qui savent accaparer les profits au nom de leur mission progressiste ; dans un autre par la marginalisation

1. Exemplaire est sur ce point l'itinéraire d'essayistes comme Dumont, Lacoste, Mende, etc. qui, en conservant toujours identique la structure de leurs discours respectifs, parviennent à passer par toutes les étapes idéologiques conformes aux usages. (Voir Michel Siméon, *op. cit.*, chap. 5.)

économique de pays qui, en refusant la dépendance technologique et en se retirant du marché mondial, sortent du même coup du champ international des luttes. Deux solutions dont s'accommode parfaitement le système capitaliste.

Dans la mesure justement où le combat anti-impérialiste constitue l'horizon politique indépassable de notre temps, il importe qu'il soit traité sérieusement et soustrait au monopole intellectuel de tous les bâtards de la chrétienté qui font du tiers-monde leur parousie. Ceux qui partent pour se guérir sont pires que ceux qui viennent soigner, et le rapport colonial moins étouffant qu'une relation d'assistance qui impose jusqu'aux moyens, aux termes, aux significations de son abolition.

Mais la décoopération n'est pas en soi une grande victoire sur l'impérialisme, contrairement à la prétention des assistants techniques nihilistes qui veulent à tout prix être dans le processus politique, quitte à en incarner la négativité. C'est une simple mesure d'assainissement, prélude à d'autres joyeusetés. Ne voit-on pas déjà l'Occident, par delà les séparations officielles et en guise de cadeau de rupture, recentrer le vieux projet d'appropriation sur un humanitarisme sans frontières. Le retour en force des belles âmes, requinquées par l'exténuement de l'idéologique, constituera-t-il la dernière ruse de l'Histoire ?

Conclusion

À travers cette double lecture, la société coopérante livre ses articulations profondes, et dévoile la série d'illusions sur lesquelles elle fonctionne. Les modes d'interaction et les comportements collectifs institués tout le long de l'existence au Club sont corrigés par une communication informelle qui situe les vrais clivages et scelle les alliances décisives. L'égalisation apparente des conditions et la décontraction de rigueur ne stigmatisent qu'avec plus d'âpreté des oppositions culturelles de classes dont la dynamique reste perpétuellement contenue. Les discordes idéologiques réglementées et leurs enchaînements diachroniques ne tirent un rôle d'animation que de leur redevance synchronique globale au même désir d'appropriation. À l'intérieur de ces groupes expatriés, qui se perçoivent socialement homogènes mais désunis quant à leur rapport au tiers-monde, ce sont les rivalités sociales implicites et l'unité du projet dirigé vers l'ailleurs qui se révèlent significatifs. Et le portrait du coopérant, à rebours de ses mythes fondateurs, renvoie d'abord à la société française et au monde occidental qu'il éclaire dans certains de leurs aspects essentiels. Il condense l'expression des nouvelles contradictions générées par le système capitaliste avec la montée des strates petites-bourgeoises, et surprend la grande bourgeoisie dans sa besogne de classe contemporaine : codage des flux de consommation, contrôle de la valeur d'usage, imposition de la légitimité ; il fige l'errance nihiliste du discours européen, montre la conscience blanche plongée dans tous ses états tricontinentaux, et restitue ainsi pleinement aux survivances chrétiennes leurs propriétés toxiques internationales d'opium des peuples.

SOCIÉTÉ COOPÉRANTE	*UNITÉ*	*DIVISION*
MYTHE	Sociale	Rapport au tiers-monde
RÉEL	Rapport au tiers-monde (appropriation)	Sociale (lutte des classes)

La rigidité des règles du jeu auxquelles doivent se plier les adeptes du Club, la dimension souvent concentrationnaire de ces colonies de vacances tropicales, s'expliquent par la fragilité de fictions qui menacent de devenir transparentes, mais dont l'occultation est fondamentale à l'économie de cette existence de loisirs. En organisant la logique de leur transplantation ultramarine autour des mythes de l'unité sociale et de la désunion idéologique, les coopérants attribuent en effet à ce séjour dans le tiers-monde une fonction éminemment compensatrice. Durant une parenthèse artificielle qui remplit parfois une bonne partie de leur vie active [1] ils connaissent un dépassement collectif permanent de leurs déterminations, potentialités, incapacités passées, et ne se trouvent individuellement impliqués ni économiquement, ni politiquement, dans leur situation métropolitaine. Ils se constituent un univers niveleur et promotionnel, au sein duquel l'agressivité des relations de classes s'abolit provisoirement dans une moelleuse sociabilité estivale, où ils peuvent conduire sans coût social des aventures idéologiques variées à l'endroit du pays assisté [2]. La récurrence neutralisante des rapports et des gestes, la redondance ludique des significations, s'inscrivent dans un espace et une temporalité clôturés par les villages de vacances, et chaque congé annuel en-deçà des mers est vécu, puis décrit au retour, comme un moment de malaise, de décomposition, de déphasage. Si bien que ce passage en coopération demeure pour beaucoup d'assistants techniques une période de référence unique. Rétrospectivement, ils en font une époque d'action, de liberté, de choix purs, d'apogée intellectuelle et physique, et ils essayent vainement d'en retrouver la saveur en sacrifiant aux publicités

1. Cf. Annexes, tableau 11.
2. Les expulsions sont rares, et plutôt que de compromettre les chances de leurs victimes au sein de la société française, elles constituent souvent pour eux un argument de poids dans leur démarche de réinsertion.

d'organismes touristiques qui sont loin d'offrir des attraits comparables à ceux du Club Coopération.

Cette analyse confirme donc le peu d'intérêts qu'il y a à envisager les assistants techniques en termes d'efficacité, d'utilité, ou de nocivité. Poser une telle problématique suppose que les moyens puissent être définis par rapport à des fins : or personne en Occident ne sait pas très bien ce qu'est le sous-développement, comment le cerner théoriquement, et chacun conjure cette impossibilité objective de mesurer l'activité coopérante à l'aide de jugements moraux ou de vœux pieux politiques que seuls, on l'a vu, les assistés sont historiquement accrédités à formuler. Et surtout, il apparaît clairement que le métier d'assistant technique, notamment à travers ses propres tentatives d'auto-évaluation, ne sert en réalité que de prétexte inavoué à l'élaboration d'une structure sociale. Tout groupe de loisirs se prétend ouvert sur l'extérieur et ménage à sa clientèle des prises concrètes sur l'environnement, des contacts humains, des délassements au ras du sol qui, avec le dépaysement, servent invariablement d'alibis à une démarche estivale dont le véritable sens réside dans la création d'un ordre interne dissident. La coopération française, qui parvient à dissimuler entièrement ses fonctions réelles derrière une vocation d'assistance tous azimuts, ne fait que développer à l'extrême cette stratégie touristique, assurant ainsi à l'insu consentant de ses membres son rayonnement planétaire. Certes elle prend par là des risques et elle se met à la merci de ruptures en liant ses succès commerciaux à la complaisance des populations indigènes chez qui elle s'implante.

Mais tandis que certains villages de vacances se voient quelquefois sommés de déguerpir, d'autres sont inaugurés dans le même temps. Le programme d'expansion à court terme du Club obéit aux sages principes de l'économie néo-libérale : investissements légers en équipement, faibles retombées financières sur le pays et rapatriement des bénéfices, exploitation sauvage jusqu'à épuisement. Aussi la terre est-elle encore vaste de régions exotiques dociles où les futurs coopérants, vêtus des paréos idéologiques de saison, pourront aller s'ébattre et débattre dans une douce impunité.

ANNEXES

Les données statistiques présentées ici demeurent partielles. L'extrême confusion qui règne dans les services administratifs du Club, où l'incompétence et l'ignorance se dissimulent derrière des impossibilités majeures de divulgation, rend tout à fait utopique l'espoir d'obtenir des renseignements exhaustifs. Par ailleurs, ces tableaux sont volontairement limités, de façon à constituer un échantillon homogène : ils n'intègrent que le personnel envoyé dans les anciennes colonies françaises, et excluent les assistants techniques qui, à cause de leur activité spécifique (militaires actifs) ou de leur origine (anciens de la France d'Outre-Mer), restent marginaux par rapport à la société coopérante et à la vie des villages de vacances. Aussi ces chiffres se situent-ils en net retrait des totaux officiels portant sur les effectifs coopérants français dans le monde.

Telles quelles, ces indications statistiques paraissent toutefois suffisamment significatives. Elles révèlent les régularités tendanciennes ou les évolutions parallèles affectant la distribution des assistants techniques par statut, sexe, classes d'âge, spécialité professionnelle, etc..., et attestent ainsi du caractère globalement répétitif d'une morphologie sociale qui, nous avons essayé de le montrer, correspond dans chaque unité coopérante à l'élaboration d'une même logique de la transplantation.

Sources

Rapport Gorse, 1971
Rapports sur l'évolution des effectifs et des coûts de l'assistance technique, 1973-1974
Rapport Chaudouet, 1974
Enquête Marcomer, 1974.

TABLEAU 1
Évolution de l'effectif global des coopérants

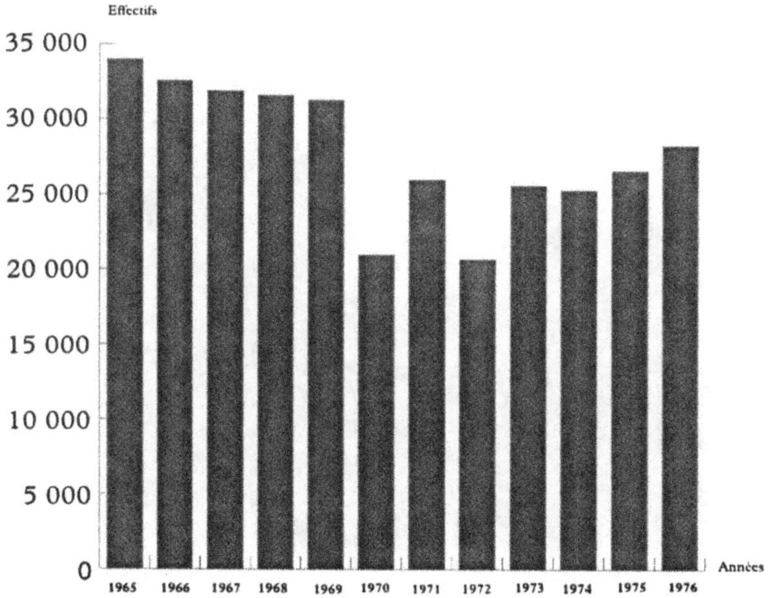

TABLEAU 2

Évolution de l'effectif des coopérants

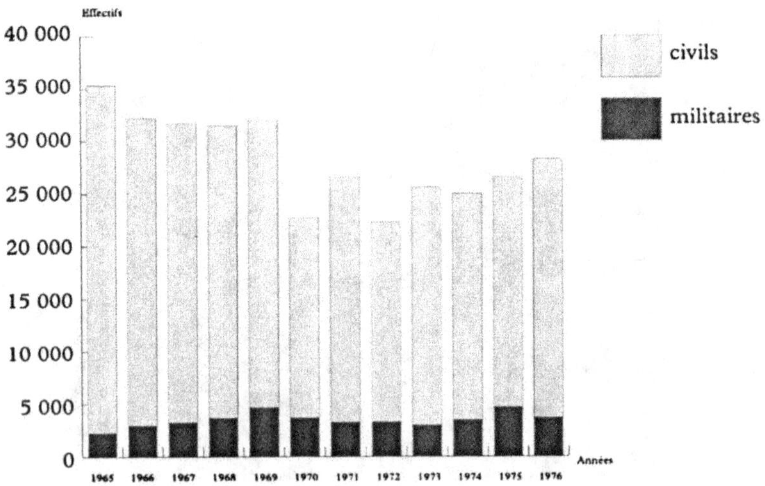

TABLEAU 3
Répartition des coopérants par zone géographique

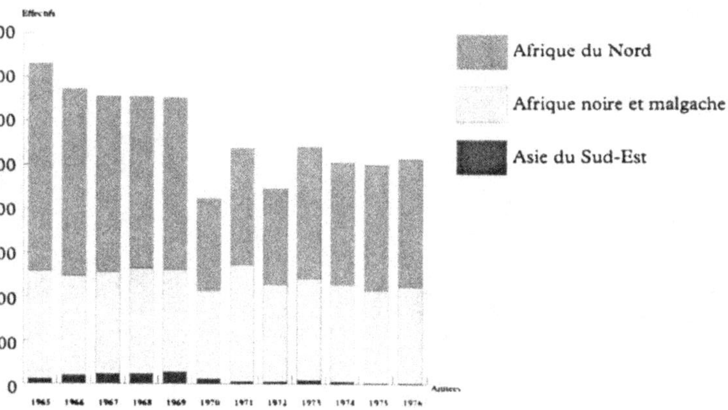

TABLEAU 4
Répartition des coopérants par spécialité

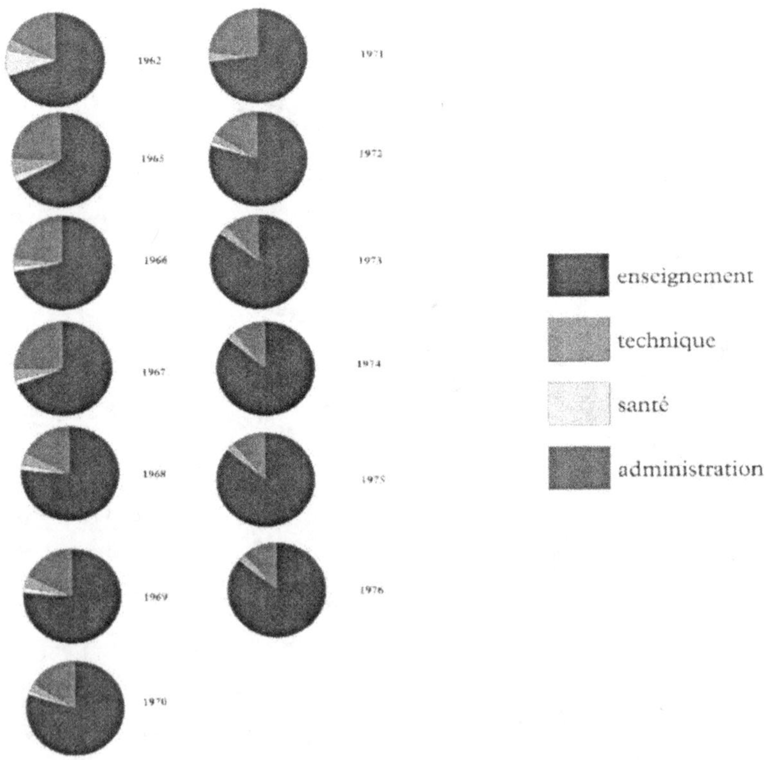

TABLEAU 5
Évolution de l'effectif des coopérants par spécialité

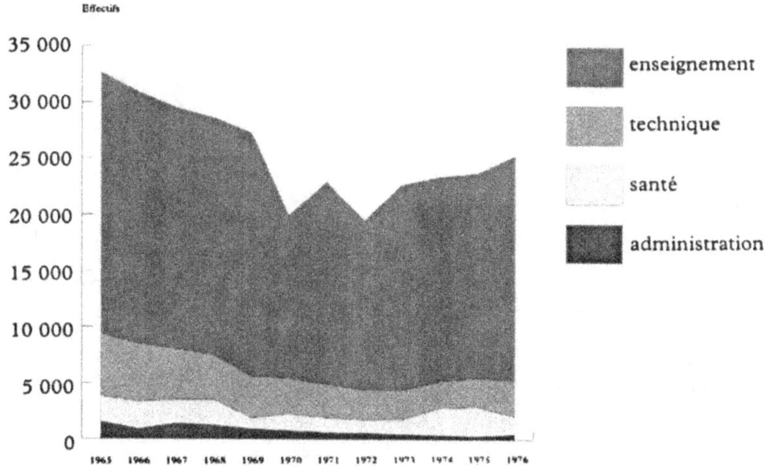

TABLEAU 6
Répartition des coopérants par tranche d'âge selon le statut
(1972)

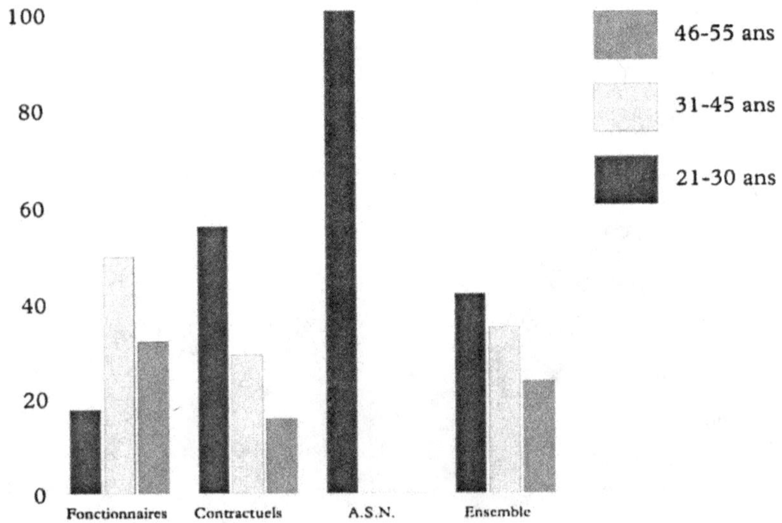

TABLEAU 7

Répartition des coopérants par sexe et par spécialité

(avril 1972)

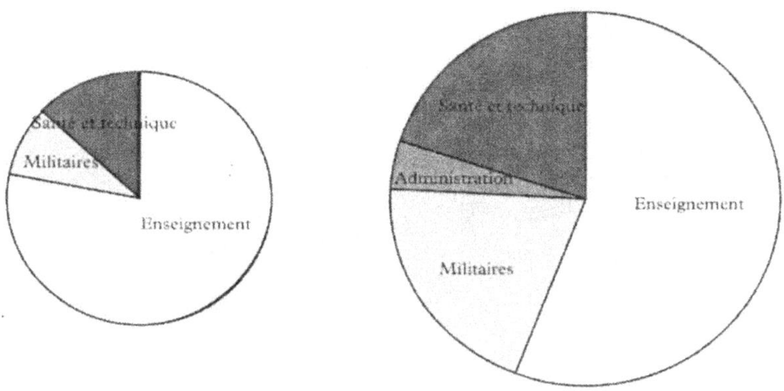

femmes hommes

TABLEAU 8

Statut matrimonial des coopérants (1974)
Les militaires ne sont pas pris en compte

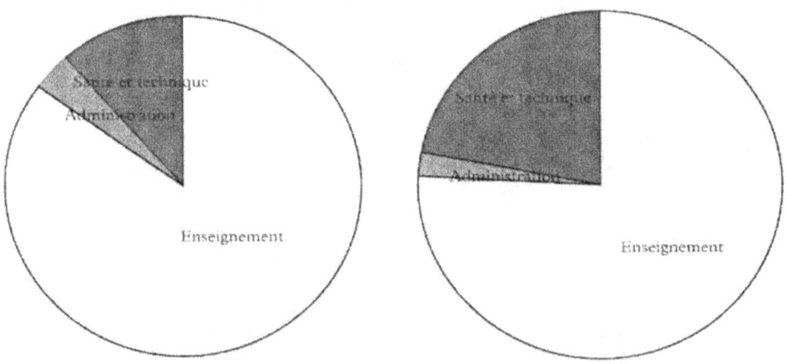

mariés | non mariés

TABLEAU 9
Scolarisation des enfants de coopérants

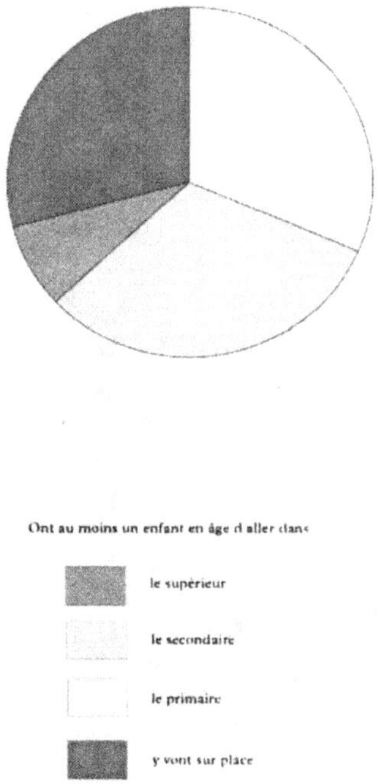

TABLEAU 10
Salaire annuel d'un assistant tehnique selon le statut
(en francs)

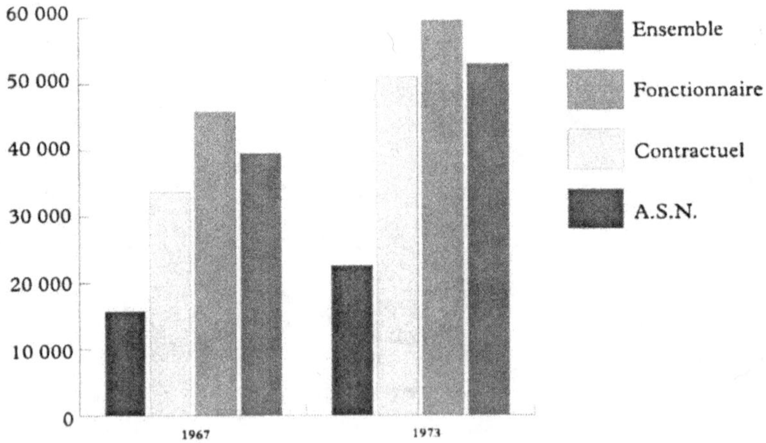

TABLEAU 11

Ancienneté des assistants techniques en années
(juin 1970)

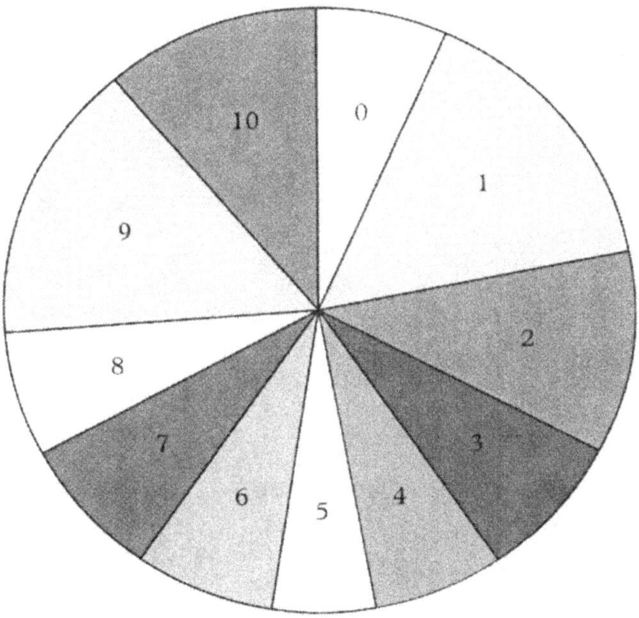

BIBLIOGRAPHIE

1. Littérature coloniale et coopérante

CARS (G. des), *Sang d'Afrique*, J'ai lu, 1963.
CHATENET (J.), *Petits blancs, vous serez tous mangés*, Seuil, 1970.
CONCHON (G.), *L'État sauvage*, Livre de poche, 1964.
CROUZAT (H.), *Aziza de Niamkoko*, Presses de la Cité, 1959
DEBRAY (R.), *L'indésirable*, Seuil, 1975.
HOUGRON (J.), *Le Retour*, Livre de poche, 1958.
NEMOURS (P.), *La Mort sur un volcan*, Fleuve Noir, 1974.
PEREC (G.), *Les Choses*, Livre de poche.
RANDAU (R.), *Les Explorateurs*, Albin Michel, 1920.
RIPAULT (G.), *Charcute-moi ces sabots de sphinx*, Plasma, 1975.
ROYER (L. C.), *La Maîtresse noire*, Ed. de France, 1928
SIMENON (G.), *Le Coup de lune*, Livre de poche, 1960.

2. Ouvrages théoriques sur la colonisation

ASTIER-LOUTFI (M.), *Littérature et Colonialisme*, Mouton, 1971.
BALANDIER (G.), *Afrique ambiguë*, Plon, 1957.

GIRARDET (R.), *Le Nationalisme français*, Armand Colin, 1966.
L'idée coloniale en France, Table Ronde, 1972.
MANNONI (D.), *Psychologie de la colonisation*, Seuil, 1950.
MARTINKUS-ZEMP (A.), *Le Blanc et le Noir*, Nizet, 1975.
MEMMI (A.), *Portrait du colonisé*, Pauvert, 1957.

3. Articles sur la coopération et les coopérants

AGBLEMAGNON (F. N'Sougan), « L'assistant technique », *Connaissance de l'Afrique*, n° 22, 1967.
ARON (H.), « Enseignants de coopération et coopération culturelle franco-africaine », *Culture et développement*, vol. IV, n° 3.
AUSTRUY (J.), « Le néo-colonialisme », *Encyclopédie Universelle*, 1972.
CEDETIM, « Néo-colonialisme et coopération », *Bulletin* n° 20-21, 1972.
COMTE (G.), « Où va l'assistance technique ? Ou la porte ouverte à bien des insuffisances », *Africa*, 1970.
DAURE (C.), « À quoi sert l'assistance technique ? », *Les Temps modernes*, juin 1969.
DURANDEAU (Y.), « La coopération en pratique », *Recherches* n° 15, 1974.
GOUSSAULT (Y), « Coopérer sans illusions », *Esprit* n° 7-8, 1970.
MONTVALLON (R. de), « Note sur une coopération qui n'est pas encore commencée », *Esprit* n° 7-8, 1970.
NEGRONI (F. de) et SIMÉON (M.), « La récréation sociale des coopérants français », *Le Mois en Afrique*, n° 118, 1975.
POIRIER (J.), « Dépendance et aliénation », *Cahiers internationaux de sociologie*, vol. XL, 1966.
TIERS-MONDE, *Les Idéologies du développement*, 1974.
XXX, « Note sur l'assistance technique à Madagascar », *Le Mois en Afrique*, n° 49, 1970.

4. Ouvrages théoriques sur la coopération et le tiers-monde

ALBERTINI (J. M.), *Les Mécanismes du sous-développement,* Éd. Ouvrières, 1967.
AMIN (S), *L'Accumulation à l'échelle mondiale,* Anthropos, 1970.
Le Développement inégal, Éd. de Minuit, 1973.
ARDANT (G.), *Le Monde en friche,* PUF, 19659.
AUSTRUY (J.), *Le Scandale du développement,* Marcel Rivière, 1965.
BAIROCH (P.), *Le Tiers-monde dans l'impasse,* Gallimard, 1971.
BERQUE (J.), *Dépossession du monde,* Seuil, 1964.
BERTHELOT et FOSSI, *Pour une nouvelle coopération,* PUF, 1974.
BETTELHEIM (C.), *Planification et croissance accélérée,* Maspero, 1964.
CASTRO (J. de), *Géopolitique de la faim,* Éd. Ouvrières, 1962.
DUMONT (R.), *L'Afrique Noire est mal partie,* Seuil, 1962.
EMMANUEL (A.), *L'Échange inégal,* Maspero, 1969.
FANON (F.), *Les Damnés de la terre,* Maspero, 1961.
FUCHS (Y.), *La Coopération, aide ou néo-colonialisme ?,* Éd. Sociales, 1973.
GENDARME (R.), *La Pauvreté des nations,* Éd. Cujas, 1963.
JALÉE (P.), *Le Pillage du tiers-monde,* Maspero, 1965.
JAULIN (R.), *La Paix blanche,* Seuil, 1970.
LACOSTE (Y.), *Géographie du sous-développement,* PUF, 1965.
LEBRET (J.), *Suicide ou survie de l'Occident,* Éd. Ouvrières, 1958.
MENDE (T.), *Un monde possible,* Seuil, 1963.
MOUSSA (P.), *Les États-Unis et les nations prolétaires,* Seuil, 1965.

MYRDAL (G.), *Planifier pour développer,* Éd. Ouvrières, 1963.
Le Défi du monde pauvre, Gallimard, 1971.
PALLOIX (C.), *L'Économie mondiale capitaliste,* Maspero, 1971.
PARTANT (F.), *La Guérilla économique,* Seuil, 1976.
PERROUX (F.), *L'Économie des jeunes nations,* PUF, 1963.
SAUVY (A.), *De Malthus à Mao-tsé-toung,* Denoël, 1958.
SIMÉON (M.), *L'Économiste et le Sauvage,* Hallier, 1977.

TABLE DES MATIÈRES

DEUXIÈME PARTIE
LE MYTHE D'UNE DIVISION IDÉOLOGIQUE

L'HARMATTAN, ITALIA
Via Degli Artisti 15 ; 10124 Torino

L'HARMATTAN HONGRIE
Könyvesbolt ; Kossuth L. u. 14-16
1053 Budapest

L'HARMATTAN BURKINA FASO
Rue 15.167 Route du Pô Patte d'oie
12 BP 226
Ouagadougou 12
(00226) 50 37 54 36

ESPACE L'HARMATTAN KINSHASA
Faculté des Sciences Sociales,
Politiques et Administratives
BP243, KIN XI ; Université de Kinshasa

L'HARMATTAN GUINÉE
Almamya Rue KA 028
En face du restaurant le cèdre
OKB agency BP 3470 Conakry
(00224) 60 20 85 08
harmattanguinee@yahoo.fr

L'HARMATTAN CÔTE D'IVOIRE
M. Etien N'dah Ahmon
Résidence Karl / cité des arts
Abidjan-Cocody 03 BP 1588 Abidjan 03
(00225) 05 77 87 31

L'HARMATTAN MAURITANIE
Espace El Kettab du livre francophone
N° 472 avenue Palais des Congrès
BP 316 Nouakchott
(00222) 63 25 980

L'HARMATTAN CAMEROUN
Immeuble Olympia face à la Camair
BP 11486 Yaoundé
(237) 458.67.00/976.61.66
harmattancam@yahoo.fr

www.ingramcontent.com/pod-product-compliance
Lightning Source LLC
LaVergne TN
LVHW011257061026
849535LV00005B/1289
9782296034334